M.P. Robinson • Vitor Costa • Chris

The Leopard 1 And Leopard 2
From Cold War To Modern Day

KAGERO
publishing

Table of Contents/Spis treści:

The Leopard 1 And Leopard 2. From Cold War To Modern Day • M.P. Robinson, Vitor Costa, Chris Jerrett
First edition • LUBLIN 2018

Photo credits/zdjęcia: **Crown Copyright, M.P. Robinson, Library and Archives Canada, Pierre Delattre, US Army, Triantafyllos Metsovitis, Shane Lovell, Jurgen Scholz, Alex Bissett, Jakko Westerbekke, Private Collection, Angel Martinez Ruiz de Medinilla, Juhani Sierla, Bundeswehr, Petr Olly courtesy of Aleksandra Sulejman, Thomas Husby, Geir B, N. Comanescu, G. Orosco, Vitor Costa, Chris Jerrett**

Cover/okładka: **Yerin Won**

Colour profiles/sylwetki barwne: **Radosław Panchartek**

DTP: **KAGERO STUDIO**

Translation/tłumaczenie: **Łukasz Golowanow**

Proof-reading/korekta: **Łukasz Golowanow**

Polish proof-reading/korekta polska: **Stanisław Powała-Niedźwiecki**

ISBN: 978-83-951575-2-3

KAGERO Publishing ● e-mail: kagero@kagero.pl, marketing@kagero.pl
Editorial office, Marketing, Distribution: Oficyna Wydawnicza KAGERO,
Akacjowa 100, os. Borek – Turka, 20-258 Lublin 62, Poland, phone/fax +4881 501 21 05
www.kagero.pl

M.P. Robinson

Origin of Species: Leopard 1 and Leopard 2
– Germany's Cold War Predators

Powstawanie gatunku: Leopard 1 i Leopard 2
– niemieckie drapieżniki zimnej wojny

A Leopard prototype (one of two transferred to the British Army for evaluation) alongside an early Chieftain. The concept of the *standardpanzer* was much simpler than that behind the complex Chieftain. The Leopard was well-armed, nimble, and its conscript crews could be trained rapidly. Of roughly similar size, the two vehicles embodied the differing armoured vehicle design doctrines favoured by West Germany and Great Britain in the 1960s.

Prototyp Leoparda (jeden z dwóch przekazanych brytyjskim wojskom lądowym do oceny) obok wczesnego Chieftaina. Koncepcja *standardpanzer* była dużo prostsza niż ta, na której opierał się skomplikowany Chieftain. Leopard był dobrze uzbrojony i zwinny, a załoga złożona z poborowych mogła być szybko wyszkolona. Mimo zbliżonych rozmiarów oba czołgi ucieleśniały odmienne doktryny projektowania wozów pancernych wyznawane w RFN i Wielkiej Brytanii w latach 60. [Crown Copyright]

In the spring of 1962 the French and West German teams chosen to evaluate five pre-production Leopards against five pre-production AMX30s worked up their vehicles for comparative trials at Mailly. Each team came with a full support staff from the respective manufacturers. Comparative gunnery, cross country and road operations were studied, followed by 24-hour long simulated combat trial. The trial was well-attended by the Bundeswehr and Armée de Terre's top brass. The whole business was for show more than anything else, each country having by that time already invested enough money and political capital to make production orders for both designs a foregone conclusion.

Wiosną 1962 roku zespoły francuski i zachodnioniemiecki wybrane do przeprowadzenia testów pięciu przedseryjnych Leopardów i pięciu przedseryjnych AMX30 przyjechały na próby porównawcze w Mailly. Każdy zespół przybył z pełną ekipą techniczną wysłaną przez producenta. Porównywano celność prowadzenia ognia oraz zachowanie w terenie i na drodze, a następnie przeprowadzono 24-godzinną symulowaną próbę bojową. Obserwowało ją wielu oficerów wysokiego szczebla z Bundeswehry i Armée de terre. Wszystko to było jednak głównie na pokaz, gdyż oba kraje zainwestowały już tyle pieniędzy i kapitału politycznego, że zamówienia na produkcję seryjną obu konstrukcji były przesądzone. [M.P. Robinson]

This is a brief discussion of the iconic Leopard 1 and Leopard 2 tank families, touching on some of its best-known members. Serious students of the Leopard family are encouraged to seek out the Leopard trilogy (2003 Barbarossa Books) written by Michael Shackleton, the Tankograd special series, or the concise Osprey New Vanguard titles by Michael Jerchel. Excellent written, digital and web based reference covering the Leopard's use by the Netherlands, Denmark, Australia, Canada, Spain- and naturally Germany; have all appeared in recent years as well as a wide range of excellent model kits.

Leopard 1 and Leopard 2 MBTs are of course completely different vehicles in concept- and they come from different stages of the Bundeswehr's Cold War armaments program. They nonetheless have a number of similarities and are together the most commercially successful and widely sold European tank designs from the 1960s to the present day.

W ostatnich latach pojawiły się wyśmienite pisane, cyfrowe i internetowe źródła informacji na temat użycia Leopardów przez Polskę, Holandię, Danię, Australię, Kanadę, Hiszpanię i oczywiście Niemcy; pojawił się także szeroki wachlarz pierwszorzędnych modeli.

Czołgi podstawowe Leopard 1 i Leopard 2 są w swej istocie diametralnie różnymi wozami i wywodzą się z różnych etapów programów zbrojeniowych zimnowojennej Bundeswehry. Niemniej istnieje między nimi wiele podobieństw, a wspólnie po dziś dzień stanowią najbardziej udaną pod względem komercyjnym i najliczniej sprzedawaną europejską konstrukcję czołgową od lat 60. Są mobilne i potężnie uzbrojone, reprezentują ewolucję niemieckiej filozofii projektowania wozów pancernych. Obie rodziny czołgów podstawowych opierają się na rozsądnych podstawowych założeniach projektowych i powstały jako element większych mieszanych zespołów bojowych. W RFN (później

A production Leopard photographed in the 1960s. The first West German production order for the Leopard was placed in 1963 after the Mailly trial. These early Leopards entered service from late 1965 to the middle of 1966. The Leopard was very simple in comparison to the variants that followed, lacking a main armament stabiliser, which was added retrospectively to early vehicles and delivered on Leopard 1A1s. Most of the 1400 or so Leopard 1 and Leopard 1A1s ordered for the Bundeswehr were rebuilt in the 1980s into Leopard 1A5s.

Seryjny Leopard sfotografowany w latach 60. Pierwsze zamówienie na Leopardy RFN złożyła w 1963 roku, po próbach w Mailly. Te wczesne Leopardy weszły do służby w okresie od końca 1965 do połowy 1966 roku. Leopard był bardzo prosty w porównaniu z późniejszymi wariantami – brakowało mu stabilizacji działa głównego, którą dodano wczesnym wozom w późniejszym okresie, a od początku instalowano w Leopardach 1A1. Większość z około 1400 Leopardów 1 i 1A1 zamówionych przez Bundeswehrę przebudowano w latach 80. do standardu Leopard 1A5. [M.P. Robinson]

Photographed during maneuvers in 1977, a Bundeswehr Leopard 1A2 on loan to the Canadian Army for service with the Royal Canadian Dragoons in West Germany. The Leopard 1A2 was introduced in 1972 and featured a more heavily armoured cast turret than the first four production batches of Leopard 1 and Leopard 1A1s. Over 230 were delivered. When the 4th Canadian Mechanised Brigade moved from NATO's Northern Army Group (NORTHAG) to the Central Army Group (CENTAG) negotiations were undertaken to buy the newest version of the West German MBT (which was then the Leopard 1A3). Bundeswehr Leopard 1A2s were loaned to the Canadians to replace their Centurions until the Leopard 1A3s could be delivered.

Leopard 1A2 Bundeswehry wypożyczony kanadyjskim wojskom lądowym w celu służby w pułku Royal Canadian Dragoons w RFN sfotografowany na ćwiczeniach w 1977 roku. Leopard 1A2 wszedł do służby w 1972 roku. Wyposażony był – w porównaniu z czterema pierwszymi seriami Leopardów 1 i 1A1 – w lepiej opancerzoną odlewaną wieżę. Dostarczono ponad 230 sztuk. Kiedy kanadyjska 4. Brygada Zmechanizowana została przeniesiona z NATO-wskiej Grupy Armii Północ (NORTHAG) do Grupy Armii Środek (CENTAG), ruszyły negocjacje w sprawie zakupu najnowszej wersji niemieckiego czołgu podstawowego (czyli wówczas Leoparda 1A3). Należące do Bundeswehry Leopardy 1A2 wypożyczono Kanadyjczykom w celu zastąpienia ich Centurionów do czasu dostawy Leopardów 1A3. [Library and Archives Canada]

Mobile and powerfully armed, they represent the evolution of the German philosophy of armoured vehicle design. These two families of Main Battle Tanks feature sound basic design principles and were envisioned as part of a larger combined arms team. Over 6,000 Leopard 1 and Leopard 2 vehicles have been built in West Germany (and later in the reunified Germany we know today). A small number of these

także w dzisiejszych zjednoczonych Niemczech) zbudowano ponad 6000 Leopardów 1 i Leopardów 2. Niewielka liczba powstała na mocy zagranicznej licencji. Powstałe kosztem ogromnych nakładów ze strony zachodnioniemieckiego podatnika czołgi podstawowe serii Leopard 1 i Leopard 2 (oraz pokrewne wozy wsparcia) okazały się najważniejszym i najbardziej długotrwałym europejskim programem uzbrojenia

A Belgian Leopard 1 in its original guise, one of 334 delivered from 1968 onwards to replace the M47.

Belgijski Leopard 1 w oryginalnym malowaniu – jeden z 334 dostarczanych od 1968 roku w celu zastąpienia M47. [Pierre Delattre]

Belgium upgraded some of their Leopards with the SABCA fire control system, which was also bought by Canada and Australia to upgrade their Leopard 1A3s. After Belgium retired their Leopards, a number were sold to Brazil and Lebanon.

Belgia zmodernizowała część Leopardów, instalując system kontroli ognia SABCA, kupiony również przez Kanadę i Australię w celu modernizacji ich Leopardów 1A3. Kiedy Belgia wycofała swoje Leopardy ze służby, niektóre egzemplarze sprzedano do Brazylii i Libanu. [Pierre Delattre]

Photographed during one of the maneuvers conducted as part of 1983's REFORGER, this Leopard 1A1A1's camouflage nets conceal the turret appliqué armour provided to give the first 1400 Leopards built for Bundeswehr orders protection equivalent to the Leopard 1A2.

Ten Leopard 1A1 sfotografowany podczas manewrów w ramach ćwiczeń REFORGER w 1983 roku ma siatkę kamuflażową ukrywającą dodatkowy pancerz wieży, zainstalowany w celu zapewnienia pierwszym 1400 Leopardom zbudowanym dla Bundeswehry ochronę równą tej w Leopardzie 1A2. [US Army]

The appliqué armour was added to the turret front, sides and mantlet. The Leopard 1A1A1 and Leopard 1A2 continued use of the original optical rangefinder. This Leopard 1A1A1 was also photographed during REFORGER 1983.

Dodatkowy pancerz instalowano na przodzie i bokach wieży oraz kołysce. Leopard 1A1A1 i Leopard 1A2 używały wciąż pierwotnego dalmierza optycznego. Tego Leoparda 1A1A1 sfotografowano podczas ćwiczeń REFORGER 1983. [US Army]

were produced under foreign license. A massive investment by the West German taxpayer, the Leopard 1 and Leopard 2 series of main battle tanks (and associated support vehicles) proved to be the most substantial and enduring European land weapons program of the Cold War. Such is their durability that we can expect to see Leopard 1 and 2 vehicles in service well beyond the 2025 period.

lądowego doby zimnej wojny. Ich wytrzymałość sprawia, że możemy spodziewać się, iż Leopardy 1 i 2 pozostaną w służbie jeszcze długo po 2025 roku.

Koncepcja u zarania Leoparda 1 zakładała powstanie prostego, dobrze uzbrojonego i mobilnego czołgu o średniej masie, który mogliby obsługiwać poborowi; w zachodnio-niemieckich kręgach wojskowych mówiło się o takim ideale

The Leopard 1A3 was the first version equipped with a new welded turret incorporating spaced armour. 110 Leopard 1A3s were ordered by the Bundeswehr, and it was ordered by export customers (including Canada as the Leopard C1, Greece, Turkey and Australia as the Leopard AS1). This Canadian C1 is wearing temporary white paint to better conceal itself in the snowy landscape during Exercise Certain Sentinel in 1979.

Leopard 1A3 był pierwszą wersją z nową wieżą spawaną i pancerzem grodziowym. Bundeswehra zamówiła 110 Leopardów 1A3, zamówienia złożyli także klienci eksportowi, w tym Kanada (pod oznaczeniem Leopard C1), Grecja, Turcja i Australia (pod oznaczeniem Leopard AS1). Ten kanadyjski C1 został tymczasowo pomalowany białą farbą, aby kamuflaż lepiej działał w zaśnieżonym terenie podczas ćwiczeń „Certain Sentinel" w 1979 roku. [Library and Archives Canada]

The Canadian Forces called the Leopard 1A3 the Leopard C1, and the example seen here is one of several official photos taken during exercises in 1979.

Kanadyjskie siły zbrojne nadały Leopardowi 1A3 miano Leopard C1. To zdjęcie jest jedną z kilku oficjalnych fotografii wykonanych podczas ćwiczeń w 1979 roku. [Library and Archives Canada]

Manned by men of the Royal Canadian Dragoons, a Leopard C1 moves along a West German road during Certain Sentinel in 1979. The Canadian Forces were impressed by the C1's mobility and reliability after years of struggling to keep their Centurions in running order.

Leopard C1 obsadzony przez żołnierzy Royal Canadian Dragoons jedzie zachodnioniemiecką drogą podczas ćwiczeń „Certain Sentinel" w 1979 roku. Po latach użerania się z utrzymaniem Centurionów w stanie używalności kanadyjskim siłom zbrojnym zaimponowała ruchliwość i niezawodność Leopardów C1. [Library and Archives Canada]

A closeup of a Canadian Leopard C1 taken during one of the REFORGER exercises in 1979 in West Germany (note the large exercise markings). The prominent welds on the gun mantlet and the ice cleats stowed on the glacis plate are evident.

Zbliżenie na kanadyjskiego Leoparda C1 w czasie ćwiczeń REFORGER w 1979 roku w RFN (zwracają uwagę duże oznaczenia na czas ćwiczeń). Rzucają się w oczy wyraźne spawy na kołysce i nakładki lodowe na pancerzu przednim. [Library and Archives Canada]

The concept behind the Leopard 1 was that of a simple, well-armed and mobile medium weight tank for conscript crews to operate- an ideal which was discussed in West German military circles in 1956. It was never designed as an indestructible super tank, which stood in stark contrast to contemporary designs, such as the American M60 or the British Chieftain. The Leopard design was being studied in the 1956-1957 period when West Germany formed the

w 1956 roku. Nie zaprojektowano go jako niezniszczalnego superczołgu, co stanowiło jaskrawy kontrast wobec innych ówczesnych konstrukcji takich jak amerykański M60 czy brytyjski Chieftain. Projekt Leoparda analizowano w latach 1956–1957, kiedy RFN tworzyła federalne siły zbrojne – Bundeswehrę – przygotowując się do odgrywania aktywnej roli w NATO. W okresie, w którym formowano Bundeswehrę, RFN była na niwie zbrojeniowej uzależniona od amerykańskiego programu pomocy wojskowej i nie miała prawa produkować broni ciężkiej. Nowa *Panzerwaffe* (formacje pancerne) otrzymała amerykańskie czołgi średnie M47 i M48 oraz czołgi lekkie M41, a liczne amerykańskie lekkie wozy opancerzone trafiły do innych formacji wojsk lądowych. Bogate doświadczenia w dziedzinie bitew pancernych zdobyte przez Niemców w czasie drugiej wojny światowej sprawiły jednak, że M47 i M48 szybko zyskały sobie niepochlebną opinię.

Niemcom Zachodnim – podobnie jak innym krajom NATO – nie uśmiechało się całkowite uzależnienie od amerykańskiej pomocy wojskowej. W 1957 roku RFN została członkiem gru-

The Leopard's powerpack could be changed very rapidly. This RCEME trailer and powerpack were photographed during the course of Exercise Certain Sentinel in 1979. (Library and Archives Canada)

Powerpack Leoparda mógł być wymieniony bardzo szybko. Tę przyczepę RCEME i *powerpack* sfotografowano podczas ćwiczeń „Certain Sentinel" w 1979 roku. [Library and Archives Canada]

The following year in 1980 this Leopard C1 was photographed while bogged down on a West German streambank. Given the Leopard's good power to weight ratio this kind of situation would not have arisen often. A Taurus recovery vehicle served in each RCD squadron to pull C1s out of trouble and to change power packs.

Rok później – w 1980 – ten sam Leopard 1 został sfotografowany po ugrzęźnięciu na brzegu zachodnioniemieckiego strumienia. Ze względu na dobry stosunek mocy do masy takie sytuacje przydarzały się Leopardowi rzadko. W każdym szwadronie Royal Canadian Dragoons służył wóz zabezpieczenia technicznego Taurus, który wyciągał C1 z tarapatów i wymieniał *powerpacki*. [Library and Archives Canada]

federal army, or Bundeswehr; in order to take an active role in NATO. At the time of the Bundeswehr's formation, West Germany was dependent on the United States Military Aid Program for all of its rearmament programs, and was not permitted to manufacture heavy weapons. The new Panzerwaffe (armoured corps) received the U.S. M47 and M48 medium tanks as well as the M41 light tank, and numerous

py badań wojskowych FINABEL (wraz z Francją, Włochami, Holandią, Belgią i Luksemburgiem) oraz uzyskała pozwolenie na wznowienie produkcji broni ciężkiej. W tym okresie Francuzi, Brytyjczycy i Amerykanie widzieli nadarzającą się dla przemysłu zbrojeniowego swoich krajów okazję na wyposażenie Bundeswehry we własne konstrukcje.

RFN nie lekceważyła rozmów z sojusznikami, ale już od chwili przyjęcia do służby pierwszych M47 pragnęła zbudować własny czołg. Produkcja rodzimych wozów pancernych stanowiła dziedzinę, w której RFN mogła szybko uzyskać samowystarczalność. *Panzerwaffe* potrzebowała na krótką metę co najmniej 2000 czołgów podstawowych w celu zastąpienia czołgów dostarczonych przez USA, uznanych za nazbyt ciężkie w stosunku do siły ognia, którą dysponowały. Francja również miała w planach produkcję czołgów średnich i szybko odbudowała przemysł zbrojeniowy. Francuzi mieli nadzieję, że nawiążą ze starym wrogiem partnerstwo

The second NATO nation to order the Leopard was the Netherlands. 468 Leopards were ordered in 1968 and all were later upgraded (and thereafter designated Leopard 1V). When the Leopard 1V was retired from Netherlands service in 1995 170 vehicles were transferred to Greece, and 200 more were sold to Chile.

Drugim krajem NATO, który zamówił Leopardy, była Holandia. W 1968 roku złożono zamówienie na 468 czołgów. Wszystkie zmodernizowano w późniejszym terminie (po czym czołgi oznaczono Leopard 1V). Kiedy w 1995 roku Leopardy 1V wycofano ze służby w holenderskich wojskach lądowych, 170 czołgów przekazano Grecji, a kolejne 200 sprzedano do Chile. [Pierre Delattre]

The Leopard 1A3 was also purchased by Greece. The Hellenic Army Leopard 1A3 was equipped with the EMES-12A3 fire control system.

Leoparda 1A3 kupiła także Grecja. W greckich wojskach lądowych czołg ten był wyposażony w system kontroli ognia EMES-12A3. [Triantafyllos Metsovitis]

Australia bought 103 Leopard 1A3s to replace their Centurions in 1976. Designated Leopards AS1, they served until 2007; when they were replaced by 59 M1A1 Abrams MBTs.

Australia kupiła 103 Leopardy 1A3 w celu zastąpienia Centurionów w 1976 roku. Czołgi te, oznaczone Leopard AS1, służyły do 2007 roku, kiedy ich miejsce zajęło 59 czołgów podstawowych M1A1 Abrams. [Shane Lovell]

American light AFVs equipped other branches of the army. Given the extensive experience of tank combat that the Germans had accumulated during the Second World War, a critical view of the heavy M47 and M48 quickly emerged.

The West Germans shared the reluctance of many of the other NATO nations to depend completely on American military aid. In 1957 the West Germans became members of the FINABEL military study group (along with France, Italy,

w dziedzinie produkcji broni, ale uważali, że to oni powinni być ważniejszym partnerem, gdyż w połowie lat 50. szereg francuskich programów zbrojeniowych odniosło sukces komercyjny. RFN sprawnie zachowywała równowagę między odbudową własnego przemysłu, krótkoterminowymi zakupami broni od sojuszników i przyjmowaniem pomocy wojskowej z Ameryki. Błyskawiczne odtworzenie niemieckiego przemysłu ciężkiego i zachowanie doświadczenia w dzie-

This Leopard AS1 is seen at an open day, Australian Leopards have shown a wide variety of camouflage schemes and the one depicted has call sign painted in large numbers on the engine decks.

Ten Leopard AS1 zaprezentował się podczas dnia otwartego. Australijskie Leopardy nosiły różnorodne kamuflaże; widoczny tutaj czołg ma wymalowany dużymi cyframi na przedziale silnikowym swój znak wywoławczy. [Shane Lovell]

This Leopard AS1 was photographed in 2005 during Exercise Talisman Sabre. The Bundeswehr's Leopard 1A4 looked externally very similar, and incorporated fire controls developed from the Leopard 2.

Tego Leoparda AS1 sfotografowano w 2005 roku podczas ćwiczeń „Talisman Sabre". Leopard 1A4 Bundeswehry wyglądał z zewnątrz bardzo podobnie i dysponował systemem kontroli ognia opracowanym dla Leoparda 2. [US Army]

A Bundeswehr Leopard 1A5 at rest around 1990. The Leopard 1A5 was a comprehensive upgrade of the Leopard 1A1 fleet to bring the vehicles up to modern standards. The Leopard 1A5 upgrade was exceptionally successful and over 1200 vehicles were modernized.

Leopard 1A5 Bundeswehry sfotografowany około 1990 roku. Wersja 1A5 stanowiła wszechstronną modernizację Leoparda 1A1, mającą dostosować czołg do współczesnych standardów. Modernizacja ta okazała się wybitnie udana, poddano jej ponad 1200 pojazdów. [Jurgen Scholz]

A heavily camouflaged Bundeswehr Leopard 1A5 in its element. The Bundeswehr Leopard 1 tank battalions were crewed largely by conscripts. Extensively planned defence tactics were studied during the Cold War, extending to previously surveyed fire positions for individual Panzer units.

Dobrze zamaskowany Leopard 1A5 Bundeswehry w swoim żywiole. Niemieckie bataliony Leopardów 1 składały się głównie z poborowych. W trakcie zimnej wojny pracowano nad szczegółową taktyką obronną, rozciągającą się na uprzednio rozpoznane stanowiska ogniowe dla poszczególnych jednostek pancernych. [Jurgen Scholz]

the Netherlands, Belgium and Luxemburg) and received permission to manufacture heavy weapons once again. At this time the French, British and Americans all saw opportunities for their own defence industries in the re-equipment of the Bundeswehr with their own national designs.

While never discounting negotiation with allied partners, the West Germans fully intended to build their own

dzinie produkcji uzbrojenia po dekadzie demilitaryzacji było niesamowite.

W 1957 roku Niemcy Zachodni, Francuzi i Włosi oznajmili, że chcą opracować wspólny czołg podstawowy. Uzgodnili podstawowe specyfikacje (FINABEL 3A5) określające ramowe cechy projektu czołgu – miał on ważyć około 30 ton, być uzbrojony w działo główne kalibru

The Canadian Leopard C2 was equivalent to the Leopard 1A5 (but was created by the combination of Canadian Leopard C1 hulls and reworked ex-Bundeswehr Leopard 1A5 turrets).

Kanadyjski Leopard C2 był odpowiednikiem Leoparda 1A5, ale stworzonym poprzez połączenie kadłubów kanadyjskich Leopardów C1 i przebudowanych wież poniemieckich Leopardów 1A5. [Library and Archives Canada]

A line of Leopard 1A5 tanks from 4. Kompanie Panzergrenadierabteilung 351 around 1990. We can see the substantial EMES-18 gunnery sights, which were developed from the EMES-15 sights on the Leopard 2 (and which some users declared superior to those on the Leopard 2!), as well as the blanked off optical rangefinder ports.

Leopardy 1A5 z 4. Kompanie Panzergrenadierabteilung 351 około 1990 roku. Widać duży celownik EMES-18, opracowany na bazie celownika EMES-15 z Leoparda 2 (i uznawany przez niektórych użytkowników za lepszy od celownika Leoparda 2!) oraz zaślepione gniazdo dalmierza optycznego. [Jurgen Scholz]

The Leopard 1A5 was widely exported after its days in German service ended. These Hellenic Army Leopard 1A5s were part of two lots of former Bundeswehr vehicles sold to Greece (a total of 245 vehicles being delivered starting in 1999).

Po zakończeniu służby w Niemczech wiele czołgów Leopard 1A5 trafiło na eksport. Te Leopardy 1A5 greckich wojsk lądowych należały do dwóch partii poniemieckich wozów sprzedanych Grecji (w sumie od 1999 roku dostarczono 245 czołgów). [Triantafyllos Metsovitis]

A preserved Leopard C2 of the Canadian Army. Some 15 of the Leopard C2 MBTs were later upgraded with MEXAS armour upgrade packages and served in Afghanistan with the Canadian contingent.

Zachowany Leopard C2 kanadyjskich wojsk lądowych. Około piętnastu Leopardów C2 później zmoderdnizowano, instalując im pancerz MEXAS, po czym służyły one w Afganistanie w ramach kanadyjskiego kontyngentu. [Alex Bissett]

Seen in 2006, a Canadian Leopard C2 MEXAS being prepared for air shipment to Afghanistan. The C2 MEXAS was one of the most heavily armoured versions of the Leopard 1 to see service.

Kanadyjski Leopard C2 MEXAS przygotowywany do transportu lotniczego do Afganistanu w 2006 roku. C2 MEXAS był jedną z najmocniej opancerzonych wersji Leoparda 1 wprowadzonych do służby. [US Army]

Norway bought Leopard 1A1s in 1970, and employed these for many years. The type proved quite at home in the harsh terrain of a Norwegian winter.

Norwegia kupiła Leopardy 1A1 w 1970 roku i użytkowała je przez wiele lat. W trudnych warunkach norweskiej zimy czuły się jak u siebie w domu. [US Army]

The Leopard 2 was adopted by the Koninklijke Landmacht to replace the Centurion. This vehicle was photographed in August 1988 during an Army open day in the Netherlands. Note the olive drab paint scheme.

Leopard 2 został przyjęty do służby przez Koninklijke Landmacht w miejsce Centurionów. Ten pojazd sfotografowano w sierpniu 1988 roku podczas dnia otwartego wojsk lądowych w Holandii. Zwraca uwagę malowanie w kolorze *olive drab*. [Jakko Westerbekke]

105 mm i dysponować wysoką mobilnością na polu walki dzięki stosunkowi mocy do masy wynoszącemu 30 KM/t. Zachodnioniemieckie plany odnośnie do przyszłego czołgu średniego zakładały opracowanie rodzimej konstrukcji, ale w latach 50. nie było to stanowisko na tyle okrzepłe, aby wykluczyć zakup czołgu francuskiego. Tymczasem Francuzi, którzy w 1955 roku próbowali sprzedać Bundeswehrze swoje AMX50 i AMX13, padli ofiarą własnego myślenia życzeniowego; klapki na oczach sprawiły, że nie dostrzegli możliwości, iż Niemcy porzucą partnerstwo i opracują własny czołg.

A tak właśnie się stało. W latach 1958–1959 partnerstwo francusko-niemieckie uległo dezintegracji. Po części wynikało to z różnic politycznych między Francją a RFN, a po części z niemożności zgodzenia się na jedno wspólne działo kalibru 105 mm. Wykonane do tamtego momentu we Francji i RFN prace projektowe doprowadziły do opracowania zarówno AMX30, jak i Leoparda, a oficjalnie współpraca trwała aż do 1963 roku.

W przeciwieństwie do francuskiego programu AMX30, sterowanego przez rząd, niemiecki Leopard (*standardpanzer*) został wybrany spomiędzy dwóch konkurujących syndykatów prywatnych koncernów przemysłowych. Każdy

A German Leopard 2A4 in a very non-standard camouflage pattern in the 1990s. The Leopard 2 A1, Leopard 2A2 and Leopard 2A3 looked similar but differed in terms of the sights and fire controls fitted. All were upgraded to Leopard 2A4 standard by the end of the Cold War.

Niemiecki Leopard 2A4 w bardzo niestandardowym kamuflażu w latach 90. Leopardy 2A1, 2A2 i 2A3 wyglądały bardzo podobnie, ale różniły się pod względem zainstalowanych celowników i systemów kontroli ognia. Do końca zimnej wojny wszystkie zmodernizowano do standardu Leopard 2A4. [Private Collection]

The three-colour scheme seen here was typical for Bundeswehr Leopard 2A4s by the late 1980s. Unlike the Leopard 1, the Leopard 2 series were quite heavily armoured, in light of the lessons learnt by the Israelis fighting against the most modern Soviet weapons in the 1973 Yom Kippur War.

Widoczne tu malowanie trójbarwne było typowe dla Leopardów 2A4 Bundeswehry pod koniec lat 80. W przeciwieństwie do Leopardów 1 czołgi Leopard 2 były dość mocno opancerzone w następstwie wniosków wyciągniętych przez Izraelczyków po walce z najnowocześniejszą sowiecką bronią w wojnie Jom Kippur w 1973 roku. [Private Collection]

An engine change for a Leopard 2A4 of the Bundeswehr in the early 1990s. The recovery vehicle is a Bergepanzer 2, derived from the Leopard 1.

Wymiana silnika w Leopardzie 2A4 Bundeswehry we wczesnych latach 90. Wóz zabezpieczenia technicznego to Bergepanzer 2, oparty na Leopardzie 1. [Private Collection]

A Bergepanzer 2 hoists a powerpack out of a Leopard 2A4's engine bay. The Leopard 2's powerpack was considerably larger and heavier than that employed in the Leopard 1, and in due course the Bergepanzer 3 Buffel was introduced to replace the earlier recovery vehicle.

Bergepanzer 2 wyjmuje *powerpacka* z przedziału silnikowego Leoparda 2A4. *Powerpack* tego czołgu był znacznie większy i cięższy niż ten w Leopardzie 1, toteż opracowany został Bergepanzer 3 Büffel jako następca starszego wozu zabezpieczenia technicznego. [Private Collection]

The Fahrschule Panzer version of the Leopard 2 was very similar to the earlier type developed to train Leopard 1 drivers. It featured a cabin with windows and a dummy gun to acquaint drivers with the perils of driving with a 120mm gun poking well ahead of the driver's position.

Leopard 2 w wersji Fahrschule Panzer był podobny do analogicznego wozu do szkolenia kierowców na potrzeby Leopardów 1. Miał kabinę z oknami i atrapę armaty, tak aby pokazać zagrożenia, jakie stwarza działo kalibru 120 mm wystające daleko przed stanowiskiem kierowcy. [Private Collection]

tank from the moment that they accepted their first M47. Domestic AFV production was an area where West Germany could become self-sufficient very quickly. The Panzerwaffe required at least 2000 MBTs for the short term to succeed the existing generation of American-supplied tanks, which were considered too heavy for the firepower they

odpowiadał za zaprojektowanie kadłuba (z prostą odlewaną wieżą zainspirowaną do pewnego stopnia wieżą amerykańskiego M48). Główne uzbrojenie czołgu wybierano spomiędzy gładkolufowej armaty Rheinmetall kalibru 105 mm oraz francuskiej CN-105-F1 i brytyjskiej L7 kalibru 105 mm. Przyjęcie L7 przez Amerykanów i perspektywa standardo-

The Leopard 2A4 was one of the most powerful MBTs in the NATO armoury in the 1980s. This Bundeswehr Leopard 2A4 from Panzerabteilung 104 is moving down a dirt road at speed.

Leopard 2A4 był jednym z najpotężniejszych czołgów podstawowych w arsenale NATO w latach 80. Ten Leopard 2A4 należący do Panzerabteilung 104 Bundeswehry jedzie z dużą prędkością po nieutwardzonej drodze. [Jurgen Scholz]

Here we get some idea of the large size of the Leopard 2A4's turret bustle, which stored part of the ammunition load and the communication equipment.

Zdjęcie pozwala uświadomić sobie, jaki jest rozmiar niszy wieży Leoparda 2A4. Znajdowała się w niej część amunicji i sprzęt łączności. [Jurgen Scholz]

Like the Leopard 1, the Leopard 2A4 and its successors are all capable of deep fording.

Leopard 2A4 i jego następcy – podobnie jak Leopard 1 – są zdolne do forsowania głębokich przeszkód wodnych. [Jurgen Scholz]

These Leopard 2A4s from Panzerabteilung 104 seem to have stopped midway through a pond crossing. The photo was taken at Oberviechtach during training for a submerged crossing of the Danube.

Te Leopardy 2A4 z Panzerabteilung 104 najwyraźniej zatrzymały się w pół drogi przez staw. Zdjęcie wykonano w Oberviechtach podczas szkolenia przed forsowaniem Dunaju po dnie. [Jurgen Scholz]

The Bundeswehr conducted training at Canadian Forces Base Shiloh, Manitoba, Canada on many occasions in the 1980s and 1990s. Here we can see a scene from the tank park during Panzerabteilung' 104s sojourn at Shiloh in the early 1990s.

W latach 80. i 90. Bundeswehra wielokrotnie prowadziła ćwiczenia w kanadyjskiej bazie Shiloh w prowincji Manitoba. Tutaj widzimy scenę z parku maszynowego podczas wyprawy Panzerabteilung 104 do Shiloh we wczesnych latach 90. [Jurgen Scholz]

could bring to bear. France had similar intentions to produce medium tanks and had already rebuilt its own defence industry at a rapid pace. The French held hopes of a partnership in arms production with their old enemy, but saw themselves

wego działa NATO-wskiego przekonały Bundeswehrę do postawienia zdecydowanie na propozycję brytyjską. Taki wybór uzbrojenia stanowił druzgocący cios dla koncepcji francusko-niemieckiego czołgu średniego.

Another scene from Panzerabteilung 104's tour at CFB Shiloh.

Kolejna scena z pobytu Panzerabteilung 104 w Shiloh. [Jurgen Scholz]

The rear of the Leopard 2's hull is covered in exhaust grilles for the massive 1500hp MTU turbo diesel. The Leopard 2 at the time of its introduction was the fastest MBT in service anywhere, a title it came to share with the M1 Abrams, although the American tank had markedly higher fuel consumption.

Tylną część kadłuba Leoparda 2 pokrywają siatki układu wydechowego potężnego 1500-konnego silnika turbodieslowskiego MTU. W chwili wejścia do służby Leopard 2 był najszybszym czołgiem podstawowym świata. Później musiał się podzielić tym tytułem z czołgiem M1 Abrams, ale amerykański wóz miał zdecydowanie wyższe zużycie paliwa. [Jurgen Scholz]

Moving along a tree line at Shiloh Manitoba, a Leopard 2A4 of Panzerabteilung 104 advances during an exercise.

Leopard 2A4 z Panzerabteilung 104 jedzie wzdłuż linii drzew podczas ćwiczeń w Shiloh w prowincji Manitoba. [Jurgen Scholz]

Men and machines of Panzerabteilung 104 at CFB Shiloh in the early 1990s.

Personel i maszyny Panzerabteilung 104 w bazie Shiloh we wczesnych latach 90. [Jurgen Scholz]

These photos were taken on the gunnery range at CFB Shiloh, as can be determined by the green pennant on the Leopard 2A4 at the left. West Germany ordered 2125 Leopard 2 tanks during the Cold War. Although only 695 true Leopard 2A4 were manufactured, all earlier Leopard 2s were rebuilt to the Leopard 2A4 standard by upgrading their fire control systems. In the 1990s most of these were sold or upgraded to Leopard 2A5 or Leopard 2A6 standard.

Te zdjęcia wykonano na poligonie w bazie Shiloh, czego dowodzi zielony znacznik na Leopardzie 2A4 po lewej. RFN zamówiła w czasie zimnej wojny 2125 Leopardów 2. Mimo że wyprodukowano tylko 695 prawdziwych Leopardów 2A4, wcześniejsze wozy przebudowano do tego standardu poprzez modernizację systemu kontroli ognia. W latach 90. większość z nich sprzedano lub zmodernizowano do standardu Leopard 2A5 albo 2A6. [Jurgen Scholz]

The Leopard 2A4 design included the EMES-15 fire control system, the Rheinmetal L44 120mm smooth bore cannon and a frontal armour package incorporating spaced tungsten alloy and perforated armour plates.

Projekt Leoparda 2A4 obejmował system kontroli ognia EMES-15, armatę gładkolufową Rheinmetall L44 kalibru 120 mm i pakiet opancerzenia czołowego, w którego skład wchodziły pancerz z wkładem wolframowym i płyty perforowane. [Jurgen Scholz]

Panzer 87: the Swiss Army's version of the Leopard 2A4, partly built under license in Switzerland. The Swiss Army received 380 Panzer 87 MBTs.

Panzer 87 – szwajcarska wersja Leoparda 2A4, budowana częściowo w Szwajcarii na mocy licencji. Tamtejsze wojska lądowe otrzymały 380 Panzerów 87. [Pierre Delattre]

Austria operates 117 Leopard 2A4 vehicles purchased from the Netherlands, which sold off its entire MBT fleet after the Cold War.

Austria posiada 117 Leopardów 2A4 odkupionych od Holandii, która sprzedała całą swoją flotę czołgów podstawowych po zimnej wojnie. [Pierre Delattre]

Poland, after its entry into NATO, has adopted the Leopard 2A4 and Leopard 2A5 MBTs, sold from German stocks. These vehicles serve with the 10th Mounted Cavalry Brigade.

Polska po dołączeniu do NATO przyjęła na wyposażenie Leopardy 2A4 i 2A5 kupione z zapasów niemieckich. Te czołgi służą w 10. Brygadzie Kawalerii Pancernej. [Pierre Delattre]

as the senior partner due to the commercial success of many French arms programs in the mid-1950s. West Germany played a very balanced act between the reconstruction of its own industries, short term weapons purchases from allied nations and acceptance of Military Aid from America. The rapid recovery of West German heavy industry and their

W 1960 roku jako podstawę niemieckiego czołgu średniego wybrano projekt kadłuba Porsche. Był to kadłub prosty, nadający się do skierowania do produkcji szybciej niż konkurencyjny. Projekt przewidywał zawieszenie wykorzystujące drążki skrętne z siedmioma kołami jezdnymi po każdej stronie i potężny dziesięciocylindrowy silnik

Spain has also adopted the Leopard 2, and obtained a production license to build 219 Leopard 2E (Leopard 2A6 to Spanish specifications) at the Santa Barbara tank plant. Some 108 former Bundeswehr Leopard 2A4s were also obtained while the Leopard 2Es were built.

Hiszpania wybrała Leoparda 2 i pozyskała licencję na wyprodukowanie 219 Leopardów 2E (czyli Leopardów 2A6 dostosowanych do wymogów hiszpańskich) w zakładach czołgowych w Santa Barbara. Poza tym kupiono 108 Leopardów 2A4 od Bundeswehry w okresie, kiedy budowano Leopardy 2E. [Angel Martinez Ruiz de Medinilla]

The Spanish Army's Leopard 2A4s were transferred from German ownership and were offered for sale to Peru in 2013 as Leopard 2Es became available to replace them in Spanish service. A tough and enduring design, the Leopard 2A4 will remain in service worldwide for decades to come.

Leopardy 2A4 hiszpańskich wojsk lądowych pozyskano z Niemiec, a w 2013 roku zaproponowano ich odkupienie Peruwiańczykom, gdyż gotowe do rozpoczęcia służby w Hiszpanii były już Leopardy 2E. Leopard 2A4 to twarda i wytrzymała konstrukcja, która pozostanie w służbie jeszcze przez kilkadziesiąt lat. [Angel Martinez Ruiz de Medinilla]

retained expertise in arms design after a decade of demilitarization was remarkable.

In 1957 the West Germans, French and Italians stated their intention to develop a common battle tank. They agreed to a basic specification (FINABEL 3A5) that set out the basic features of the tank design. The basic design called for a tank weighing some 30 tons, armed with a 105mm main

dieslowski firmy MTU. Leopard rozwijał na drodze prędkość maksymalną wynoszącą 60 km/h i miał zasięg 300 km. Pod względem rozmiarów i osiągów powstał czołg jedynie odrobinę cięższy od późnego Shermana. Prototypy Leoparda ważyły 32–35 t i były różnorodnie uzbrojone, ale czołgi seryjne dysponowały brytyjskim działem L7A3 kalibru 105 mm. Odlewana wieża miała prosty i skuteczny dalmierz

The Leopard 2A6 is the standard Leopard 2 variant in Bundeswehr service, serving in 5 tank battalions. This variant mounts the L55 gun and features increased armour protection. Germany intends to maintain a fleet of less than 300 Leopard 2A6 MBTs, a shadow of the Bundeswehr panzer force of the Cold War.

Leopard 2A6 jest standardową wersją Leoparda 2 w służbie Bundeswehry. Służy tam w pięciu batalionach. Ten wariant jest wyposażony w działo o długości lufy wynoszącej 55 kalibrów i dysponuje wzmocnionym pancerzem. Niemcy chcą utrzymywać flotę 300 Leopardów 2A6, co stanowi ledwie cień sił pancernych Bundeswehry doby zimnej wojny. [Pierre Delattre]

The Royal Netherlands Army was the second NATO army to buy the Leopard A4 during the Cold War, with 445 delivered, 330 converted to Leopard 2A5 standard in 1993 and over 100 more to Leopard 2A6 standard. In 2011 the entire MBT fleet was retired, with 107 sold to Canada and most of the rest to Finland.

Królewskie Holenderskie Wojska Lądowe były drugą armią NATO, która kupiła Leopardy 2A4 w czasie zimnej wojny; dostarczono 445 wozów, z czego 330 zmodernizowano do standardu 2A5 w 1993 roku, a ponad 100 – do standardu 2A6. W 2011 roku całą flotę czołgów podstawowych wycofano ze służby, 107 wozów sprzedano do Kanady, a większość tego, co pozostało, do Finlandii. [Pierre Delattre]

The Leopard 2A4 also serves in the Hellenic Army, where 183 former Bundeswehr vehicles serve alongside the older Leopard 1 and the specially built Leopard 2A6 HEL.

Leopardy 2A4 znajdują się także w wojskach lądowych Grecji. 183 czołgi mające za sobą służbę w Bundeswehrze są tam użytkowane obok starszych Leopardów 1 i zbudowanych na specjalne zamówienie Leopardów 2A6 HEL. [Triantafyllos Metsovitis]

The Leopard 2A6 HEL was selected for the Hellenic Army MBT after a grueling selection trial against the M1A1, T-80, Challenger 2E and Leclerc. Some 170 tanks were ordered.

Leoparda 2A6 HEL wybrano na czołg podstawowy greckich wojsk lądowych po wyczerpujących próbach, w których udział brały także M1A1, T-80, Challenger 2 i Leclerc. Zamówiono około 170 czołgów. [Triantafyllos Metsovitis]

armament and with high battlefield mobility from a power to weight ratio of 30 HP/ton. West German intentions regarding their future Medium Tank included the pursuit of a national MBT design, but the position was never defined so starkly in the 1950s to exclude buying a French design. Having already attempted to sell the Bundeswehr the AMX50 and AMX13 tank designs in 1955, the French fell victim to their own wishful thinking; which blinded them to the pos-

optyczny, szeroką, trójkątną kołyskę i pancerz o grubości do 70 mm.

Kiedy w 1962 roku w Mailly-le-Camp bezpośrednio porównano prototypy Leoparda i AMX30, czołgi okazały się zdumiewająco podobne. Wóz zachodnioniemiecki miał trochę lepszą konstrukcję kadłuba, ale i trochę większą masę. Wieże obu czołgów opracowano pod kątem ergonomii; najważniejsza różnica dotyczyła uzbrojenia głównego.

Finland adopted the Leopard 2A4 in 2003 to replace its Soviet-era MBTs, buying 124 ex-German vehicles. Over the following decade, it bought 116 more vehicles (100 Leopard 2A6 and 16 vehicles for spares). A substantial proportion of the Leopard 2A4s have been converted into support vehicles.

Finlandia wybrała Leoparda 2A4 w 2003 roku jako następcę czołgów z ery sowieckiej i kupiła 124 wozy poniemieckie. W trakcie kolejnej dekady kupiła dodatkowe 116 egzemplarzy (100 Leopardów 2A6 i 16 na części). Znaczną część Leopardów 2A4 przebudowano na wozy wsparcia. [Juhani Sierla]

A Leopard 2A4 fording during training. The Leopard 2 series are the only western MBTs with a proven deep-water fording capability: the M1 series, Challenger 2 and Leclerc all lack this capability.

Leopard 2A4 forsujący przeszkodę wodną podczas ćwiczeń. Leopardy 2 to jedyne zachodnie czołgi podstawowe mogące forsować głębokie przeszkody wodne. M1, Challenger 2 i Leclerc nie mają takiej możliwości. [Bundeswehr]

sibility that the West Germans might abandon partnerships to build their own battle tank.

This was exactly what happened however, and by 1958-1959 the Franco-German partnership was in the process of disintegration. This was in part because of differences in national policy between France and West Germany, and because a common 105mm gun could not be agreed. The

Francuzi postawili na użycie amunicji HEAT Obus G, toteż DEFA zoptymalizowała gwint armaty pod kątem zwiększenia donośności i celności z użyciem tego właśnie pocisku. Niemcy widzieli zaletę korzystania z tej samej armaty (i amunicji) co Amerykanie, którzy produkowali już wówczas czołgi podstawowe M60 z licencyjnym działem L7. Wiele lat później jeden z francuskich pancerniaków uczestniczących

A Leopard 2A6 photographed during NATO exercises in 2012.

Leopard 2 sfotografowany podczas ćwiczeń NATO-wskich w 2012 roku. [US Army]

The Leopard 2A6 seen here in 2012 has been substantially modernised to create the Leopard 2A7, with new electronics and improved armour.

Ten sfotografowany w 2012 roku Leopard 2A6 został obszernie zmodernizowany. Powstał w ten sposób Leopard 2A7, wyposażony w lepszą elektronikę i mający mocniejszy pancerz. [US Army]

The Leopard 2A6 includes the L55 version of the 120mm Rheinmetal smoothbore gun, which can fire a wide range of ammunition manufactured in Germany, France and the United States.

Leopard 2A6 dysponuje wersją armaty gładkolufowej Rheinmetall o długości lufy wynoszącej 55 kalibrów, mogącą strzelać szerokim wachlarzem amunicji produkowanej w Niemczech, Francji i USA. [US Army]

The Bergepanzer 2 (known in Canadian service as the Taurus) was a capable and well-designed recovery vehicle that was adopted in nearly every army that bought Leopard 1 series MBTs.

Bergepanzer 2 (znany w Kanadzie pod nazwą Taurus) był dobrze zaprojektowanym wozem zabezpieczenia technicznego o dużych możliwościach, przyjętym do służby w prawie każdej armii, która kupiła czołgi serii Leopard 1. [Private Collection]

design work by then accomplished in France and West Germany resulted in both the AMX30 and Leopard tank designs, and the official line of cooperation was maintained until 1963.

In contrast to the France's government-managed AMX30 program, the West German Leopard ("Standardpanzer") design was selected from two competing syndicates of private heavy industrial companies. Each was responsible for a hull design (which carried a simple cast turret design inspired in some measure by that of the American M48). Main armament choices considered for the tank ranged from the Rheinmetal 105mm smoothbore, the French CN-105-F1 and the British 105mm L7. The American adoption of the 105mm L7 and the prospect of a NATO standard weapon pushed the Bundeswehr firmly into adoption of the British gun. This armament selection was a grave blow to the concept of a common Franco-German medium tank.

w próbach wyznał autorowi, że w każdej ich fazie prototypy AMX30 i Leoparda sprawowały się niemal identycznie. Ale oba kraje zakończyły próby bezdyskusyjnie przywiązane do własnych projektów i fasada współpracy wyparowała. Oba pojazdy weszły do produkcji i do służby; ruszył wyścig o to, kto sprzeda swój nowy czołg reszcie Europy Zachodniej. Zwycięzcą wyścigu został Leopard, ponieważ Niemcy szybciej wprowadzili swój czołg na rynek i wytwarzali go na kilku liniach produkcyjnych, a zachodnioniemieckie siły zbrojne zamówiły dużą liczbę wozów. Ponadto brytyjskie działo L7 uczyniło z Leoparda atrakcyjnego następcę Centuriona w wojskach lądowych kilku państw.

Bundeswehra w latach 1965–1971 zamówiła 1400 Leopardów 1 (z oryginalną wieżą odlewaną) w czterech partiach produkcyjnych w celu zastąpienia M47. Amerykańskie M48, które pozostały w służbie do lat 70., znacząco zmodernizowano, instalując im działa kalibru 105 mm, tak aby mogły

The Bergepanzer 2 included a hydraulic crane to facilitate powerpack changes. A powerpack could be stowed for instant changing on its cargo deck.

Bergepanzer 2 dysponował hydraulicznym żurawiem do ułatwienia wymiany *powerpacka*. W jego przedziale transportowym mógł być schowany drugi *powerpack*, dzięki czemu wymiana następowała błyskawicznie. [Private Collection]

A Bergepanzer 2 with its hydraulic crane raised. The crane would be employed to remove the heavy engine decks and then to remove and replace a defective engine and transmission.

Bergepanzer 2 z podniesionym żurawiem hydraulicznym. Żuraw ten mógł podnosić ciężkie pokrywy przedziału silnikowego, a następnie wyjmować niesprawny silnik i przekładnię i na ich miejsce instalować nowe. [Private Collection]

The Bergepanzer 2 also featured a powerful winch and a hydraulic dozer blade that could serve as an earth anchor.

Bergepanzer 2 dysponował również potężną wyciągarką i lemieszem hydraulicznym, który mógł służyć do zakotwiczenia w ziemi. [Private Collection]

The Pioneerpanzer Dachs was a specialised engineers vehicle equipped with a hydraulic arm and dozer blade for battlefield combat engineers tasks.

Pionierpanzer Dachs to specjalistyczny pojazd saperski wyposażony w hydrauliczne ramię i lemiesz i przeznaczony do prac saperskich na polu walki. [Private Collection]

The Bergepanzer 2 and Dachs are based on a similar general chassis layout.

Bergepanzer 2 i Dachs oparte są na podobnym układzie kadłuba. [Private Collection]

In 1994 the Bundeswehr deployed the Dachs in Somalia. This vehicle was photographed upon its return, looking the worse for wear and missing its tracks.

W 1994 roku Bundeswehra wysłała Dachsa do Somalii. Ten wóz sfotografowano po powrocie – w stanie wskazującym na zużycie i bez gąsienic. [Private Collection]

The Bruckelegepanzer Biber (or Beaver AVLB in this case, per Canadian Forces practice) was developed on the Leopard 1 chassis and entered service in 1975. This Beaver was photographed in 1979 during exercises in West Germany.

Brückenlegepanzer Biber (czy w tym wypadku Beaver AVLB, bo tak nazwano go w kanadyjskich siłach zbrojnych) został opracowany na bazie podwozia Leoparda 1. Wszedł do służby w 1975 roku. Tego Beavera sfotografowano w 1979 roku podczas ćwiczeń w RFN. [Library and Archives Canada]

A Bundeswehr Biber photographed in the early 1990s.

Biber Bundeswehry sfotografowany we wczesnych latach 90. [Private Collection]

The Biber, unlike British and American scissor bridge layers, laid its bridge by sliding the upper bridge section to extend over the font of the vehicle, which permitted the bridge to be laid more discreetly.

Biber – w przeciwieństwie do amerykańskich i brytyjskich nożycowych mostów czołgowych – rozstawia most, przesuwając górną sekcję przed pojazd, co sprawia, że stawianie mostu odbywa się w sposób bardziej skryty. [Private Collection]

The Porsche hull design was selected in 1960 as the basis for the West German medium tank. The Porsche hull was simple and offered the prospect of a quicker path into production than its rival. The design used of a torsion bar suspension with seven roadwheels each side, and a powerful 10-cylinder MTU diesel. The Leopard had a maximum road speed of 60 km per hour and a range of 300km. In terms of general size and performance, here was a tank only slightly heavier than a late model Sherman. The Leopard proto-

służyć ramię w ramię z Leopardem i dać Bundeswehrze czas na rozbudowanie parku czołgowego. Oryginale Leopardy 1 zmodernizowano do standardu Leopard 1A1 we wczesnych latach 70., instalując między innymi dodatkowy pancerz na wieży. Kolejny model, oznaczony Leopard 2A2, miał lepiej opancerzoną wieżę odlewaną (225 sztuk dla Bundeswehry w latach 1972–1974). Oba te ulepszone modele dysponowały dalmierzem optycznym opracowanym dla pierwotnego Leoparda (dalmierz ten uznano za lepszy od zalecanej przez

The Biber seen here has emplaced its bridge and the basic details of the launching equipment fitted to the vehicle are visible.

Uwieczniony na zdjęciu Biber rozstawił już most, dzięki czemu widoczne są szczegóły wyposażenia rozstawiającego zamontowanego na wozie. [Private Collection]

The Flakpanzer (Flugabwehrkanonenpanzer) Gepard was one of the most interesting (and costly) versions of the Leopard family. Fitted with advanced all-weather radar and twin 35mm cannon, at the time of its introduction it was one of the most advanced weapons of its type in service anywhere.

Flakpanzer (Flugabwehrkanonenpanzer) Gepard był jedną z najbardziej interesujących (i najdroższych) wersji w rodzinie Leopardów. Wóz ten, wyposażony w nowoczesny radar i dwa działka kalibru 35 mm, był w chwili wprowadzenia do służby jednym z najbardziej zaawansowanych rodzajów uzbrojenia tej klasy na świecie. [Private Collection]

types weighed between 32 to 35-tons and were armed with a range of weapons, but the production vehicles were all equipped with the British L7A3 105mm gun. Its cast turret included a simple and effective optical rangefinder, a wide wedge-shaped mantlet and armour up to 70mm thick.

When the AMX30 and Leopard prototypes were evaluated against one another in 1962 at Mailly le Camp, the two tanks showed remarkable similarity. The West German vehicle showed a slightly better overall hull design for a slightly heavier overall weight. The two vehicle's turrets were well designed from an ergonomic standpoint and the main differences came down to the main armament. The French were committed to the use of Obus-G type High Explosive Antitank ammunition, and DEFA had optimised the French gun's rifling to maximise range and accuracy with this round. The Germans saw the advantages of using the same gun (and ammunition) as the Americans, who by then already had the M60 Main Battle Tank in production armed with a license-built version of the L7 gun. One of the French crewmen

Brytyjczyków w chwili wyboru L7 metody polegającej na zamontowaniu sprzężonego karabinu maszynowego kalibru 12,7 mm). Leopard 1 był przystosowany do forsowania rzek w pełnym zanurzeniu dzięki użyciu chrap, dysponował systemem filtracyjnym do ochrony przed bronią ABC oraz wyposażeniem do obserwacji w podczerwieni dla kierowcy i działonowego (wymienionym z czasem na sprzęt działający w świetle szczątkowym, a następnie na termowizyjny).

Dla stworzonych w drugiej połowie lat 70. Leoparda 1A3 i 1A4 opracowano nową wieżę spawaną, w której zamiast jednolitej stali odlewanej zastosowano spawany pancerz grodziowy. Leopard 1A4 zamiast dalmierza optycznego otrzymał dalmierz laserowy. Bundeswehra kupiła w latach 70. około 110 Leopardów 1A3 i 250 Leopardów 1A4. Ten drugi model jako pierwszy dysponował nowoczesnym systemem kierowania ognia opartym na tym w wieży Leoparda 2. Leopardy późnych wersji sprzedano do Kanady, Grecji, Turcji i Australii, gdzie utrzymały się w służbie do XXI wieku. Oryginalne zamówienia Bundeswehry zamknęły się liczbą

Over 400 Gepards were purchased for the Bundeswehr, at a unit cost significantly higher than that of a Leopard 1. The Gepard's hull was not identical to the Leopard 1 MBT, incorporating a different wheel spacing as well as a DB OM 314 auxiliary engine in the hull front to traverse the turret and power its electronics.

Bundeswehra kupiła ponad 400 Gepardów za cenę jednostkową znacznie przewyższającą cenę Leoparda 1. Kadłub Geparda nie był taki sam jak w Leopardzie 1 – inny był rozstaw kół, zainstalowano także w przedniej części kadłuba pomocniczy silnik DB OM314, który obracał wieżę i zasilał jej elektronikę.
[Private Collection]

Out of the many nations that bought Leopards in the 1960s and 1970s, only Belgium, West Germany and the Netherlands employed Leopard-based self-propelled antiaircraft guns. This was in part due to the very high cost of the Flakpanzer Gepard, and partly due to the reliance on guided missile air defence systems in many of the NATO armies.

Spośród wielu krajów, które kupiły Leopardy w latach 60. i 70., jedynie Belgia, RFN i Holandia wprowadziły do służby samobieżne zestawy przeciwlotnicze na bazie Leoparda. Wynikało to po części z wysokiej ceny Geparda, a po części z oparcia się sił zbrojnych wielu krajów NATO na kierowanych pociskach przeciwlotniczych.
[Private Collection]

This Gepard is seen with both search and tracking radar dishes in the retracted position. Its twin 35mm Oerlikon cannon have a combined rate of fire of over 1000 rounds per minute.

Ten Gepard ma anteny radaru obserwacji i radaru śledzącego w pozycji marszowej. Dwa działka kalibru 35 mm miały łączną szybkostrzelność wynoszącą ponad 1000 strzałów na minutę.
[Petr Olly courtesy of Aleksandra Sulejman]

Seen here at Setermoen in 1992, Norway's Leopard 1A1s were painted in a distinctive camouflage scheme. This vehicle belonged to the 1st Armoured Squadron of the Armoured Battalion, Brigade North. Brigade North was part of the 6th Norwegian Division, based in northern Norway.

Norweskie Leopardy 1A1 (tutaj w Setermoen w 1992 roku) miały charakterystyczny kamuflaż. Ten pojazd należał do 1. Szwadronu Pancernego Batalionu Pancernego Brygady Północ. Brygada Północ wchodziła w skład norweskiej 6. Dywizji, stacjonującej na północy kraju. [Thomas Husby]

Norway operated Leopard 1A1s as well as upgraded vehicles equivalent to the Leopard 1A5. This vehicle (Call Sign 32), still in its original configuration, shows the driver's position as well as the right side rangefinder, mantlet plugs employed for fording, and unit markings.

Norwegia użytkowała Leopardy 1A1 i zmodernizowane wozy stanowiące odpowiednik Leopardów 1A5. W tym czołgu (znak wywoławczy 32), wciąż w konfiguracji pierwotnej, widać stanowisko kierowcy, prawy dalmierz, zatyczki kołyski działa używane podczas forsowania przeszkód wodnych i oznaczenia jednostki. [Geir B]

involved remarked many years later to the author that the AMX30 and Leopard prototype vehicles performed almost identically in every phase of the Mailly trial. Each country walked away firmly attached to their own design, and the façade of partnership evaporated. Both tanks entered production and service, and the race was on for who could sell the rest of Western Europe their new battle tank. This was

ponad 2400 czołgów podstawowych Leopard 1 i wozów pochodnych, takich jak: most czołgowy Biber, wóz saperski Pionierpanzer Dachs, samobieżny artyleryjski zestaw przeciwlotniczy Flakpanzer Gepard czy wóz zabezpieczenia technicznego Bergepanzer 2.

Oprócz udanej służby w Bundeswehrze Leopard 1 odniósł też wielki sukces eksportowy w NATO. Do wczesnych

Call Sign 32, filling up with diesel at a civilian fuel station in northern Norway. Note the snow shoes stowed on the turret side, and the stowage boxes added to suit Norwegian requirements.

„32" tankowany olejem napędowym na cywilnej stacji w północnej Norwegii. Warto zwrócić uwagę na rakiety śnieżne przechowywane z boku wieży i pojemniki dodane zgodnie z norweskimi wymaganiami. [Geir B]

This Norwegian Leopard 1 was upgraded from its original configuration with new fire controls including a laser rangefinder. Note the large stowage box fitted to the glacis.

Ten norweski Leopard 1, zmodernizowany w stosunku do pierwotnej konfiguracji, otrzymał nowy system kontroli ognia, w tym dalmierz laserowy. Zwraca uwagę duży pojemnik na wyposażenie zamontowany na przednim pancerzu. [Geir B]

a race won by the Leopard because they were able to bring their tank to market first, produce the Leopard on multiple production lines and because the West German army ordered a substantial number of vehicles. The adoption of the British L7 105mm rifled gun made the Leopard an attractive replacement for the Centurion in several armies.

The Bundeswehr ordered 1400 Leopard 1 vehicles with the original cast turret between 1965 and 1971 in four pro-

lat 80. Holandia, Belgia, Dania, Norwegia i Kanada kupowały Leopardy 1 w celu zastąpienia lub uzupełnienia Centurionów, M47 i M48. Brytyjski Królewski Korpus Pancerny we wczesnych latach 60. testował dwa prototypy Leoparda, porównując je ze swoimi Chieftainami. Włochy pozyskały licencję na wyprodukowanie 800 wozów. Leopard 1 odniósł największy sukces z wyprodukowanych w latach 60. czołgów o masie 36–40 ton, sprzedał się lepiej niż AMX30 i brytyjski duction batches to replace the M47. The American M48 tanks remaining in service into the 1970s were substantially upgraded with 105mm guns to serve alongside the Leopard 1 and to give the Bundeswehr time to build up its stock of MBTs. The original Leopard 1 were upgraded to Leopard 1A1 status in the early 1970s with a turret appliqué armour package. The next major model was designated Leopard 1A2 with a more heavily armoured cast turret (225 built for the Bundeswehr in 1972-1974). Both of these improved models employed the optical range finder system developed for the original Leopard design (which had been found superior to the British recommended method of fitting a 12.7mm ranging gun at the time that the L7A3 105mm gun was chosen as the main armament). The Leopard 1 was fully capable of submerged river crossings with a schnorkel system, was equipped with an NBC filtration system and infrared driving and gunnery equipment (replaced in due course with low-light and eventually thermal vision devices).

A new welded turret was developed for the Leopard 1A3 and Leopard 1A4 that followed in the second half of the 1970s, which employed welded spaced armour instead of cast homogenous steel. The Leopard 1A4 dispensed with the optical rangefinder in favour of laser rangefinders. The Bundeswehr purchased some 110 Leopard 1A3 and 250 Leopard 1A4 tanks in the 1970s, the A4 model being the first to include the advanced fire controls derived from the Leopard 2's turret systems. These late model Leopards were sold to Canada, Greece, Turkey and Australia, where they served into the 21st century. The original battle tank orders for the Bundeswehr eventually totalled over 2400 Leopard 1 Main Battle Tanks and derivatives including the Biber Armoured Vehicle Launched Bridge, the Pioneerpanzer Dachs engineers vehicle, the Gepard Flakpanzer Self-Propelled Antiaircraft Gun system, and the Bergepanzer 2 armoured recovery vehicle.

The Leopard 1, in addition to its success in Bundeswehr service, was a great export success within NATO. The Netherlands, Belgium, Denmark, Norway, and Canada all purchased Leopard 1 MBTs to replace or supplement their Centurion, M47 and M48 fleets by the early 1980s. The British Royal Armoured Corps also evaluated two Leopard prototypes in comparative trials to their own Chieftain in the early 1960s. Italy obtained a production license for 800 vehicles. The Leopard 1 was the most successful of the 36-40 ton tanks of the 1960s, outselling the AMX30 and the Vickers 37-ton Tank adopted by India as the Vijayanta.

The simplicity of the original Leopard design meant however that it was not imagined to be sophisticated enough to outclass future Soviet designs. By the late 1960s the Bundeswehr was looking towards a whole new generation of MBTs to keep abreast of Soviet technology. Development partnerships were explored with the United States (MBT70 and Kampfpanzer-70) in the 1960s, and with Great Britain (the FMBT project) in the early 1970s. Neither of these multinational projects bore fruit and the simpler *Keiler* project, a 50-tonne tank with a 120mm L44 Rheinmetal smoothbore gun, became the basis of a more capable MBT, christened the Leopard 2 in due course.

The Leopard 2 program had its origins in a 1970 operational requirement for a main battle tank armed with the Rheinmetal 120mm piece and incorporating the experience of the Leopard 1 and MBT-70 programs. The initial

A third configuration seen in Norwegian service closely followed the Leopard 1A5 upgrade adopted by the Bundeswehr.

Trzecia konfiguracja widziana w służbie norweskiej była wzorowana na modernizacji do standardu Leopard 1A5 w Bundeswehrze. [Geir B]

In 2012 this Leopard 2A6 was photographed during NATO multinational maneuvers. The Leopard 2A6 introduced the longer L55 120mm smoothbore barrel, which extended the gun's range.

Tego Leoparda 2A6 sfotografowano podczas międzynarodowych manewrów NATO. Leopard 2A6 miał dłuższą (55 kalibrów) armatę gładkolufową kalibru 120 mm, dzięki czemu większa była jej donośność. [US Army]

37-tonowy Vickers, przyjęty do służby w Indiach pod nazwą Vijayanta.

Prostota pierwotnej konstrukcji Leoparda oznaczała jednak, iż nie przewidywano, że okaże się na tyle zaawansowany, aby zdeklasować przyszłe czołgi sowieckie. Pod koniec lat 60. Bundeswehra była zainteresowana czołgami nowej generacji, tak aby dotrzymać kroku technice sowieckiej. Analizowano możliwości współpracy przy opracowaniu konstrukcji z USA (MBT-70, Kampfpanzer-70) w latach 60. i Wielką Brytanią (projekt FMBT) we wczesnych latach 70. Owe międzynarodowe projekty nie przyniosły wymiernych skutków, toteż podstawą nowego czołgu podstawowego o większych możliwościach stał się prostszy projekt Keiler – czołg o masie 50 t z armatą gładkolufową Rheinmetall kalibru 120 mm o długości lufy wynoszącej 44 kalibry (L44), ochrzczony później mianem Leopard 2.

Program Leoparda 2 wywodził się z ogłoszonego w 1970 roku zapotrzebowania operacyjnego na czołg podstawowy uzbrojony w działo Rheinmetall kalibru 120 mm oraz wykorzystującego doświadczenia z programów Leoparda 1 i MBT-70. Wstępny projekt przypominał powiększonego Leoparda 1A4, ale po wojnie Jom Kippur w 1973 roku wieżę zaprojektowano od zera, tak aby miała silniejszy pancerz. Pierwszy z siedemnastu prototypów pojawił się na przełomie 1973 i 1974 roku. Typ wprowadzono do produkcji w roku 1977. Zamówiono 1800 czołgów, a dostawy rozpoczęły się w 1979 roku. Leoparda 2 od początku opracowywano jako złożony system uzbrojenia, czym wyraźnie różnił się od prostoty wczesnych Leopardów 1 z późnych lat 50.

A platoon of Norwegian Leopards in the forbidding and mountainous landscape of winter maneuvers in northern Norway. The lead vehicle looks like it has bogged in deep snow.

Pluton norweskich Leopardów w nieprzystępnym zimowym górskim krajobrazie północnej Norwegii. Czołg prowadzący najwyraźniej zakopał się w głębokim śniegu. [Geir B]

design concept resembled an enlarged Leopard 1A4 but the turret was completely redesigned following the 1973 Yom Kippur War to incorporate heavier armour. The first of 17 prototypes appeared between 1973 and 1974, and the type was accepted for production in 1977, with 1800 vehicles ordered and deliveries starting in 1979. The Leopard 2 was designed from the outset as a sophisticated weapon system in contrast to the simplicity of the early Leopard 1 designs of the late 1950s. The Leopard 2 was designed with advanced fire controls, a 1500 HP MTU 873 diesel engine and with advanced spaced armour. While this armour was less effective than the Chobham armour employed on the American XM1 and contemporary British Shir 2 versus HEAT attack it was nonetheless lighter in weight, and very effective against kinetic energy rounds. Like the Leopard 1, the 52-ton Leopard 2 relied on its agility and acceleration for part of its protection. The Leopard 2 underwent several improvements during production, all of which were focused on the turret fire control systems. The Leopard 2 carries 42 rounds of 120mm ammunition, with 37 rounds stored next to the driver and 15 rounds stored ready in the turret bustle.

The Leopard 2 was ordered in 5 original batches, and prototypes were trialled (as the Leopard AV for Austere Version) versus the Chrysler XM1 for the American army's Main Battle Tank selection process in 1977. The trials, which included the evaluation of the Rheinmetal L44 120mm smoothbore versus the British 105mm L7 and 120mm rifled guns, resulted in the rejection of the German MBT design and the adoption of the German gun by the United States Armored Corps. The Rheinmetal gun was quickly adopted as the standard NATO tank armament chosen to succeed the British L7 gun in the 1980s as a result. The West Germans received their first foreign order for 445 vehicles from the Netherlands Koninklijke Landmacht in March 1979. The second significant order came from Switzerland, which included the first foreign production license.

The Leopard 2 was designed from the outset to employ fully stabilized panoramic thermal sights, but the early batches were fitted with the PZB 200 low light television system because the tank was ready before the advanced

Zaprojektowano go z nowoczesnym systemem kierowania ogniem, silnikiem dieslowskim MTU 873 o mocy 1500 KM i nowoczesnym pancerzem wielowarstwowym. Zapewniał on wprawdzie mniej skuteczną obronę przed pociskami HEAT niż pancerz Chobham stosowany w amerykańskim XM1 i brytyjskim Shir 2, ale był też lżejszy i bardzo skuteczny przeciwko pociskom używającym energii kinetycznej. 52-tonowy Leopard 2 – podobnie jak Leopard 1 – po części zapewniał sobie ochronę poprzez zwinność i przyspieszenie. Leopard 2 przeszedł w toku produkcji kilka usprawnień, z których wszystkie skupiały się na systemach kontroli ognia. Leopard 2 przewozi 42 sztuki amunicji kalibru 120 mm, z czego 27 jest przechowywanych obok kierowcy, a piętnaście znajduje się w niszy wieży.

Leoparda 2 zamówiono w pięciu pierwotnych partiach, a prototypy testowano (pod nazwą Leopard AV – *Austere Version*, czyli wersja prosta) porównawczo z Chryslerem XM1 w ramach procesu wyboru czołgu podstawowego dla amerykańskich wojsk lądowych w 1977 roku. Próby, obejmujące między innymi porównanie działa gładkolufowego Rheinmetall L44 z brytyjskimi gwintowanymi 105-milimetrowym (L7) i 120-milimetrowym, doprowadziły do odrzucenia niemieckiego projektu czołgu i przyjęcia niemieckiego działa przez amerykański Korpus Pancerny. Wskutek tego działo Rheinmetall szybko (w latach 80.) przyjęto jako podstawowe NATO-wskie działo czołgowe – następcę brytyjskiego L7. Pierwsze zagraniczne zamówienie – na 445 wozów – Niemcy dostali z holenderskich wojsk lądowych (Koninklijke Landmacht) w marcu 1979 roku. Drugie duże zamówienie nadeszło ze Szwajcarii; obejmowało ono pierwszą licencję na produkcję zagraniczną.

Leoparda 2 od początku opracowywano z założeniem, że będzie dysponować w pełni stabilizowanym panoramicznym celownikiem termowizyjnym, ale wczesne partie wyposażono w system z kamerą światła szczątkowego PZB 200, ponieważ czołg był gotowy wcześniej niż jego zaawansowane systemy optyczne. W skład systemu kontroli ognia EMES-15 wchodził celownik laserowy o zasięgu 10 km, główny celownik termowizyjny działonowego firmy Zeiss i stabilizowany panoramiczny celownik dowódcy Peri 17; EMES-15 stał się

The Danish Leopard 2A5s seen here feature an additional armour package on the glacis plate. Sweden's Leopard 2 variant incorporates the Galix close defence system and improved turret roof armour. With 1500 available horsepower, the basic Leopard 2 design can take increased weight without suffering in terms of automotive performance. Krauss-Maffei have proven very willing to adapt the Leopard 2 to suit the needs of the many customers.

Widoczne tutaj duńskie Leopardy 2A5 mają dodatkowe opancerzenie na przodzie. Szwedzki wariant Leoparda 2 dysponuje systemem obrony Galix i wzmocnionym pancerzem stropu wieży. Dzięki 1500 KM mocy podstawowa konstrukcja Leoparda 2 może przyjąć na siebie dodatkową masę bez obniżenia osiągów. Krauss Maffei udowodnił swoją gotowość do adaptowania Leoparda 2 do potrzeb wielu klientów. [US Army]

optics. The EMES-15 fire control system incorporated a laser rangefinder with a 10km range, a Zeiss thermal gunner's main sight and the Peri 17 stabilized panoramic commander's sight; which were standardized on later Leopard 2 batches. These combined features gave the Leopard 2 hunter-killer capability equalled only by the M1 Abrams. Leopard 2s, Leopard 2 A1s, Leopard 2A2s and Leopard 2A3s were equipped with the EMES-15 system when it became available, and all 5 batches received the designation Leopard 2A4 once modernized. This was the definitive Cold War Leopard 2, which was developed to a whole new standard (Leopard 2A5) again in the 1990s with additional armour to carry the design into the 21st century.

The next stage in the Bundeswehr's Leopard program was to upgrade the Leopard 1 fleet in the late 1980s, with efforts being concentrated on the original Leopard 1A1. Even by the late 1970s these tanks were looking primitive in terms of fire control systems in comparison to the latest Leopard 1A4, and next to the new Leopard 2. It was decided to give the entire Leopard 1A1 fleet a massive fire control system upgrade. New sights and laser range finders were fitted, although the option to up-gun these earlier vehicles with the 120mm L44 gun was not pursued. Turret armour had already been improved by the Leopard 1A1A1 upgrade by Blohm and Voss, and the resulting Leopard 1A5 became the definitive version of the Leopard 1 by virtue of numbers.

standardem w późniejszych partiach Leoparda 2. To wyposażenie razem wzięte dało Leopardowi możliwości bojowe, którym dorównuje tylko M1 Abrams. Leopardy 2, 2A1, 2A2 i 2A3 zostały wyposażone w system EMES-15, gdy ten stał się dostępny, a wszystkie pięć partii otrzymało po modernizacji oznaczenie Leopard 2A4. To właśnie była ostateczna postać zimnowojennego Leoparda 2, rozwinięta następnie do zupełnie nowego standardu (Leopard 2A5) z nowym pancerzem w latach 90. – standardu, który miał wprowadzić tę konstrukcję w XXI wiek.

Następnym etapem programu Leopard w Bundeswehrze była modernizacja floty Leopardów 1 w późnych latach 80., skupiona na oryginalnych Leopardach 1A1. Już pod koniec lat 70. czołgi te wyglądały prymitywnie pod względem systemów kontroli ognia w porównaniu z najpóźniejszymi Leopardami 1A4 i nowymi Leopardami 2. Postanowiono objąć całą flotę Leopardów 1A1 potężną modernizacją systemów kontroli ognia. Zainstalowano im nowe celowniki i dalmierze laserowe, ale nie zdecydowano się na wzmocnienie uzbrojenia wcześniejszych wozów poprzez instalację armaty L44 kalibru 120 mm. Pancerz wieży wzmocniono już wcześniej w modernizacji do standardu Leopard 1A1A1 prowadzonej przez Blohm & Voss. Powstały w ten sposób Leopard 1A5 stał się ostateczną wersją Leoparda 1.

W latach 80. Leopardy 1A3, A4 i A5 oraz nowy Leopard 2 stanowiły pięć Bundeswehry, a Leopardy 1 były

For the duration of the 1980s the Leopard 1A3, A4 and A5s and the new Leopard 2 were the Bundeswehr's strong arm, and Leopard 1s were exported in significant numbers. At the end of the Cold War and after the reunification of Germany in 1989-1990, the Panzerwaffe no longer required 3500 MBTs. The Bundeswehr's Leopard 1 fleet was quickly identified as surplus to needs and was sold off at low cost to many of the world's smaller armies by the German government. The Netherlands and Belgian governments quickly followed suit. In the wake of the 1991 Gulf War the Leopard 2A5 was unsuccessfully evaluated against the M1A1, Challenger 2 and Leclerc to replace the British Challenger 1 MBT in Royal Armoured Corps Service. Elsewhere however, in Sweden, Greece and in many other countries, the Leopard 2A5 and A6 have become the third generation MBT of choice.

The Bundeswehr's early Leopard 2s were sold off in the late 1990s as the improved Leopard 2A5 and Leopard 2A6 were ordered for the Bundeswehr's much reduced Panzerwaffe. The new generation Leopard 2A6 mounted the more powerful L55 long barrel version of the Rheinmetal 120mm smoothbore. The lengthened gun allowed a higher muzzle velocity and longer range. Because the Leopard 2 had been built in quantity it proved more competitively priced on the arms market than either the British Challenger 2 or the French Leclerc MBTs (both of which were built in far smaller numbers). Stored Leopard 2A4s have since been redeveloped into the Leopard 2 A7 and Leopard 2 Revolution with improved electronics and protection.

The Leopard 2 has been sold to the Netherlands, Sweden, Spain, Portugal, Switzerland, Austria, Greece, Turkey, Chile, Norway, Finland, Denmark, Canada, Poland, Indonesia and Singapore. The modernized Leopard 1 has also recently been sold in South America and will remain in service for many years to come. The Leopard 2A7 is the latest incarnation of a design

eksportowane w znacznej liczbie. Po zakończeniu zimnej wojny i zjednoczeniu Niemiec w latach 1989–1990 *Panzerwaffe* nie potrzebowała już 3500 czołgów podstawowych. Rząd niemiecki szybko uznał flotę Leopardów 1 za nadwyżkę sprzętową i sprzedał po niskiej cenie wielu pomniejszym armiom świata. Śladem Niemców szybko poszły Holandia i Belgia. Po wojnie w Zatoce Perskiej w 1991 roku Leopard 2A5 został porównany – bez powodzenia – z M1A1, Challengerem 2 i czołgiem Leclerc jako potencjalny następca brytyjskiego czołgu podstawowego Challenger 1 w służbie Królewskiego Korpusu Pancernego. W innych krajach jednak (w Szwecji, Grecji i wielu innych) Leopard 2A5 i A6 zostały wybrane na ich czołg trzeciej generacji.

Wczesne Leopardy 2 Bundeswehry sprzedano pod koniec lat 90., kiedy zamówiono dla bardzo zredukowanej *Panzerwaffe* ulepszone Leopardy 2A5 i 2A6. Nowa generacja – Leopard 2A6 – dysponowała potężniejszą dłuższą wersją L55 armaty gładkolufowej Rheinmetall kalibru 120 mm. Wydłużenie lufy dało większą prędkość wylotową pocisku i większą donośność. Ze względu na masowość produkcji Leopard 2 miał konkurencyjną cenę w porównaniu z brytyjskim Challengerem 2 i francuskim czołgiem Leclerc (oba wyprodukowano w znacznie niższej liczbie). Zmagazynowane Leopardy 2A4 przebudowano do standardów Leopard 2A7 i Leopard 2 Revolution, dysponujących lepszym wyposażeniem elektronicznym i ochroną.

Leopardy 2 sprzedano do Holandii, Szwecji, Hiszpanii, Portugalii, Szwajcarii, Austrii, Grecji, Turcji, Chile, Norwegii, Finlandii, Danii, Kanady, Polski, Indonezji i Singapuru. Zmodernizowane Leopardy 1 niedawno sprzedano do Ameryki Południowej, gdzie pozostaną w służbie jeszcze przez wiele lat. Leopard 2A7 jest ostatnim wcieleniem projektu sprawdzonego już w boju w Afganistanie. Rezerwa mocy Leoparda 2 oznacza, że jego pancerz można modernizować pod kątem sprostania rozlicznym zagrożeniom na dzisiejszym i przy-

Romania operates a number of ex-Bundeswehr Gepard Flakpanzers.
Rumunia posiada pewną liczbę zestawów Flakpanzer Gepard mających za sobą służbę w Bundeswehrze. [N. Comanescu]

now combat-proven in Afghanistan. The Leopard 2's reserve of power means that its armour can be upgraded to meet many threats on the modern and future battlefields. The threat of mines has been addressed for vehicles in service with the Danish and Canadian contingents in Afghanistan, where IED devices were the greatest threat. The Leopard 2 has become the most widely distributed western second generation Main Battle Tank and has proven itself as an enduring weapon system that will be with the world's armies for decades to come.

While the selection of reference photos in a work of this size cannot be exhaustive, many of the Leopard 1 and Leopard 2's user nations are represented in hopes of inspiring modellers. Such is the range of kits, reference material and subjects that the Leopard 1 and Leopard 2 can now be modelled in many of the configurations thought impossible a mere decade ago.

szłym polu walki. Zagrożenie ze strony min uwzględniono w pojazdach służących w kontyngentach duńskim i kanadyjskim w Afganistanie, gdzie najbardziej niebezpieczne były improwizowane ładunki wybuchowe. Leopard 2 stał się najpowszechniejszym zachodnim czołgiem podstawowym drugiej generacji i dowiódł, że jest długowiecznym systemem uzbrojenia, który pozostanie w szeregach armii świata przez wiele dziesięcioleci.

Wprawdzie wybór zdjęć w publikacji tych rozmiarów nie może być wyczerpujący, ale zaprezentowano tutaj wiele Leopardów 1 i Leopardów 2 służących w armiach różnych państw w nadziei, że fotografie te staną się źródłem inspiracji dla modelarzy. Wachlarz zestawów, materiałów porównawczych i tematów jest tak szeroki, że modele Leoparda 1 i 2 mogą prezentować wiele konfiguracji, które jeszcze dekadę temu uznawano za niemożliwe.

Brazil also operates second-hand Gepards, and this example was displayed at the 2013 Independence Day parade. Note how the basic camouflage pattern worn in West German service has been largely retained.

Brazylia także ma na stanie używane Gepardy. Ten egzemplarz zaprezentowano na defiladzie z okazji Dnia Niepodległości w 2013 roku. Zwraca uwagę zasadniczo niezmieniony kamuflaż noszony w czasie służby w RFN. [G. Orosco]

The Gepard's twin 35mm cannon are equipped with muzzle sensors and the basic electronics fit, although very old, is capable enough in many parts of the world for the Flakpanzer to still prove very effective against low flying aircraft and helicopters.

Dwa działka kalibru 35 mm na Gepardzie mają czujniki na wylocie lufy. Jego podstawowe wyposażenie elektroniczne, mimo że już bardzo stare, w wielu częściach świata jest wciąż dość dobre, aby Flakpanzer mógł się wykazywać dużą skutecznością w zwalczaniu nisko latających samolotów i śmigłowców. [G. Orosco]

Vitor Costa

Polish Leopard 2A6
Tamiya scale 1/35

Polski Leopard 2A6
Tamiya skala 1/35

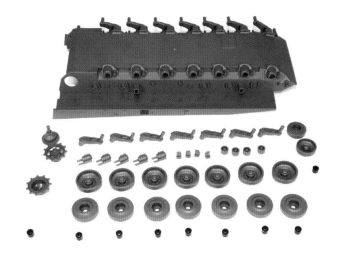

Introduction

It has been a couple of years since I built last and (until now) the only Leopard 2 in 1/35 scale (it was a Revell kit – new and very good by the way), so I was quite curious to see what Tamiya's set offers.

I had a pleasure to make a review of this kit about a year ago, so it was not a full surprise when I started gluing the parts. But one thing is to look on parts still on the plastic sprues, the other is putting them together, but with a Tamiya's kit there wasn't any problem.

This is a very good model, full of some nice details and no need for changing much. Although the tracks are the "lowest" part of the kit, there is not much to see once they are in place, so I decided to use them. The major improvement was the gun replacement and some Eduard photo-etched parts. Some handles were made with brass wire too.

The kit doesn't have any sink marks, parts are very well moulded and with crispy details, almost without need of any special treatment.

Wstęp

Minęło parę lat, odkąd zbudowałem ostatniego i (jak dotąd) jedynego Leoparda 2 w skali 1/35 (był to zestaw Revella – nowy i skądinąd bardzo dobry), więc ciekawiło mnie, co ma do zaoferowania Tamiya.

Miałem przyjemność napisać recenzję tego zestawu jakiś czas temu, więc trudno mówić o wielkiej niespodziance, kiedy zacząłem sklejanie. Ale patrzeć na części w ramkach to jedno, a złożyć je w całość to zupełnie inna historia. Tamiyowski zestaw nie sprawił jednak w tej kwestii problemu.

Jest to bardzo dobry model, ma mnóstwo odwzorowanych szczegółów i nie wymaga licznych zmian. Najgorszą częścią zestawu są gąsienice, ale po ich montażu nie są one aż tak widoczne, więc postanowiłem wykorzystać to, co dał producent. Dużą korzyść przyniosły wymiana armaty na metalową oraz elementy fototrawione Eduarda. Część uchwytów wykonałem z drutu mosiężnego.

Zestaw nie ma żadnych jam skurczowych, części mają dobry kształt z wyraźnymi szczegółami i prawie nie potrzebują specjalnego traktowania.

Kadłub

Jak zwykle zacząłem od zawieszenia. Elementy podwozia są dobrze spasowane i montaż elementów układu jezdnego nie przysporzył żadnych trudności. Ponadto Tamiya dodała plastikową część, która pomaga w bezstresowym montażu zawieszenia, procedura jest prosta i skuteczna. Koła są naprawdę dobrze odwzorowane, a z drobną pomocą poly-capów będą „działać" jak prawdziwe. Wszystkie moduły można przygotować w kilka minut, co dowodzi, że nie potrzeba całego mnóstwa części, żeby model wyglądał dobrze.

Czas zamknąć kadłub. Spasowanie jest niemal idealne, wykorzystałem jedynie minimalne ilości szpachlówki. Aby przyspieszyć proces łączenia elementów kadłuba i nie wykorzystywać zacisków, użyłem w niektórych strategicznych

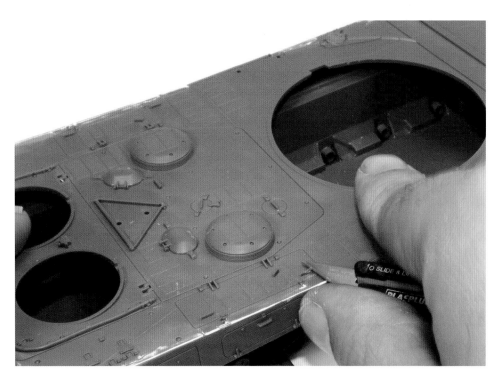

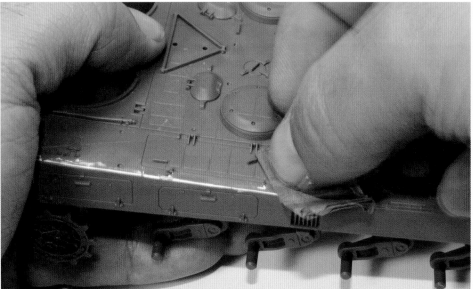

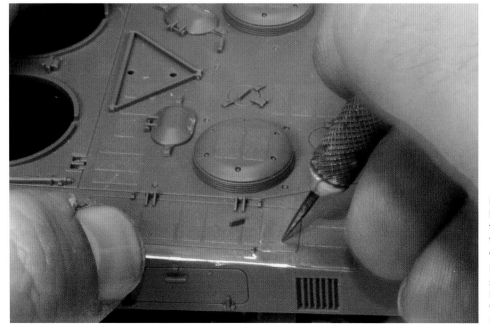

It is worth to replace the plastic handles with copper ones. After cutting them with knife it is necessary to sand the surface and point the spots for drilling.

Plastikowe uchwyty można w łatwy sposób zamienić na wykonane z drutu. Po odcięciu ich nożykiem trzeba wygładzić powierzchnię i zaznaczyć miejsca, w których nawiercimy otwory.

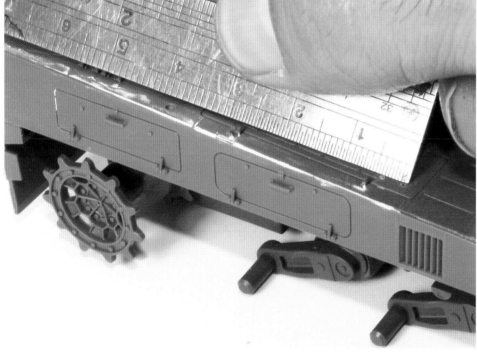

After drilling the holes I measured the space between them with a metal ruler.

Po wywierceniu otworów zmierzyłem odległość między nimi za pomocą metalowej linijki.

Hull

As usual, I've started with suspension. With the fair number of parts is really easy to work and get a perfect alignment. Tamiya included a plastic part that helps us fitting the suspension with no stress at all – simple and efficient. The wheels are really nicely reproduced and with little help of a poly-cap they will "work" like the real thing.

All module can be ready in a matter of minutes, proving that there is no need to have lots and lots of parts to make it look good.

Time to close the hull. Fitting is almost perfect and only a small amount of putty will be required. To accelerate the process and avoid clamps, I've used gel cyanoacrylate glue in some strategic places to "grab" the parts together. Rest of

miejscach kleju cyjanoakrylowego, tak aby części chwyciły. Resztę klejenia wykonałem płynnym klejem firmy Tamiya. Super Glue w żelu pozwala w razie potrzeby poprawić ustawienie części.

Po zamknięciu i oszlifowaniu kadłuba nadeszła pora, żeby dodać trochę szczegółów. Zacząłem usuwać wszystkie uchwyty (a trochę ich jest), żeby zastąpić je uchwytami z drutu mosiężnego. Wykorzystałem rurki mosiężne Master Tools o średnicy 0,4 mm z ich zestawu nr 1.

Po usunięciu uchwytów trzeba użyć papieru ściernego, aby wygładzić plastik. W celu wzmocnienia mocowania nowych mosiężnych uchwytów wywierciłem otwory. Jeśli zna się odległość między dwoma otworami i użyje szczypiec jako imadła, mosiądz można wyginać palcami, ponieważ jest to bardzo miękki materiał. Z pomocą płytki Evergreen można nadać wszystkim uchwytom tę samą wysokość. Kleiłem

  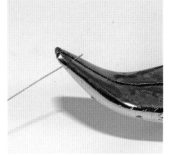 

After putting the fine copper wire in the pliers I could easily bend the handles to proper shape.

Po złapaniu miedzianego drucika w szczypce mogłem z łatwością wygiąć uchwyty do żądanego kształtu.

the gluing was made with Tamiya liquid glue. The gel super glue allows us to correct the position of the parts if needed.

Once the hull is closed and sanded it was time to add some details. I started to remove all the handles, and there are quite some of them, to replace it with brass wire. For this I used Master Tools brass pipes 0,4 mm from their number 1 set.

Once the handles are removed, a sanding is needed to smooth the plastic. To strengthen the new brass handles positioning I've drilled a positioning holes. Knowing the distance between two holes and using pliers as the base, the brass can be bent by our fingers since it's a very soft material. With the help of an evergreen stripe it's possible to put all the handles with the same high. I glued everything with a very liquid Super

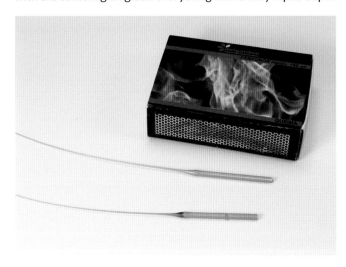

wszystko, używając bardzo płynnego Super Glue. Pamiętajcie, aby zachować najwyższą ostrożność, ponieważ usunięcie nadmiaru kleju w pobliżu uchwytów za pomocą papieru ściernego będzie praktycznie niemożliwe. Nie zastąpiłem uchwytów częściami fototrawionymi ze względu na ich płaski kształt. Druciane zamienniki, mimo że wymagają nieco więcej zachodu, wyglądają dużo lepiej.

Kiedy klej wysechł, w niektórych miejscach użyłem Deluxe Perfect Plastic Putty, której nie trzeba szlifować po nałożeniu. Można ją łatwo usunąć wilgotnym patyczkiem kosmetycznym, dzięki czemu doskonale nadaje się do użycia w trudnych miejscach.

Wśród niewykorzystanych części fototrawionych znalazły się przednie osłony błotników. Pozostałem przy oryginalnych. Skalpelem usunąłem nadmiar plastiku, tak aby je odchudzić. Jako że te części są zawsze w doskonałym stanie, nie było potrzeby ich zginać ani odkształcać. Siatki wentylatorów także są bardzo dobrze odwzorowane, więc nie widziałem potrzeby zastępowania ich częściami fototrawionymi. Jeśli mamy do dyspozycji dobre części plastikowe, nie ma sensu na siłę zastępować ich metalowymi zamiennikami.

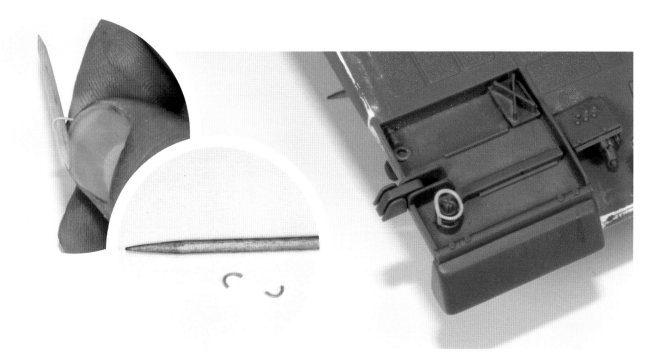

Glue. Remember to be extra careful because it will be almost impossible to sand any excess of glue near handle area.

I didn't use the photo-etched parts to replace the handles because of their flat shape. Replacing them with wire maybe is more demanding operation, but it will look much better once it's done.

When the glue was dry I've applied Deluxe Perfect Plastic Putty – there is no need to sand it once it is applied. It can be easily removed with a wet cotton swabs making it perfect for difficult places.

Other p.e. parts I didn't use were the front fender covers. I stayed with original ones. With bistoury I removed the excess of plastic making them much thinner. Since those parts are always in perfect condition, there was no need of bending or distorting.

The grids are very well represented so I didn't replace them with photo-etched parts too. I think the huge amount of work is not justified if we have good plastic parts to use.

I needed to improve – well, in fact, to include – the light protections because Tamiya seems to forgot about that detail. Using some stretched plastic sprues and with the help of a toothpick and tweezers it was easy to simulate the iron protection of the lights.

On the rear I've replaced the mudguards/fenders with p.e. parts. This time the difference is huge and metal parts will improve tank's look a lot.

Musiałem za to poprawić – a właściwie dodać, bo Tamiya najwyraźniej zapomniała o tym szczególe – zabezpieczenie reflektorów. Użyłem rozciągniętych nad ogniem plastikowych ramek. Z pomocą wykałaczki i pęsety łatwo było odwzorować żelazne osłony świateł.

Z tyłu zastąpiłem błotniki częściami fototrawionymi. Tutaj różnica jest ogromna, części metalowe znacząco poprawią wygląd czołgu.

Wieża

Czas zacząć pracę nad wieżą, która w przypadku Leoparda jest ogromna, to prawie 4/5 rozmiaru czołgu! Przy tak dużym module trzeba skorzystać z okazji, jaką stwarza każdy detal. Z pewnością będą one skupiać na sobie uwagę.

Wieża jest doskonale spasowana, ale pominięto niektóre detale. Najważniejszym (i najbardziej widocznym) jest brak nakrętek na zawiasach. Nakrętki można łatwo wykonać z wyciągniętej plastikowej ramki. Po dobrym pomalowaniu będą widoczne i zwiększą poziom zdetalowania wieży. Wymaga to jednak cierpliwości i odrobiny czasu, ale po zakończeniu pracy efekt wynagrodzi wysiłek.

Po raz kolejny nie wykorzystałem wszystkich części fototrawionych. Przy wyrzutni granatów dymnych użyłem tylko metalowych łańcuchów, do których przyczepione są gumowe czopy, ponieważ górne części są za duże.

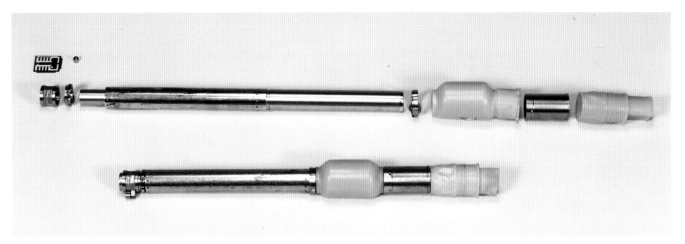

Turret

It's time to start working on the turret.

The Leopard turret is huge, almost 4/5 of the tank size!

With that big turret it's important to take advantage of any detail on it. All attention will be needed to enhance every details.

Everything fits perfectly here, but some details were omitted and the most important (and visible) is the lack of nuts on the hinges. With stretched plastic sprue nuts can be easily done – after good paint job they will be visible and give much detail to the turret. Patience and a little bit of extra time is required to that job, but it's more than justified once finished.

Once more I didn't use all the photo-etched parts.

For the smoke grenade launcher I used only metal chains that grab rubber caps, since the upper parts are too big.

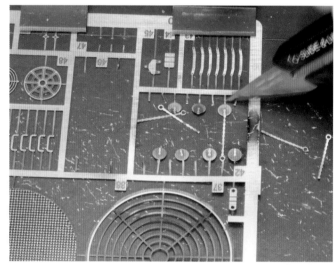

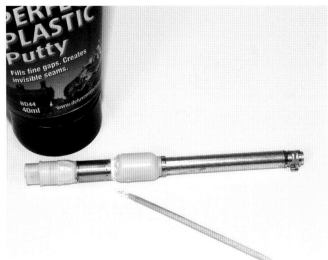

In difficult places I used the Perfect Plastic Putty which can be removed with wet cotton bud or toothpick.

W trudnych do obróbki miejscach zastosowałem szpachlówkę Perfect Plastic Putty, którą można usunąć wilgotnym patyczkiem kosmetycznym lub wykałaczką.

I didn't like Tamiya's soft and not that transparent plastic elements dedicated for hatches glass. I've replaced them with transparent thick film to simulate the real look. I had to cover them with masks to preserve their transparency.

From Tamiya yellow tape I cut some squares and rectangles so it was really easy to make the masks.

The RB gun barrel is a great improvement to the kit, it needs some filler though, but not much.

Nie podobały mi się załączone przez Tamiyę miękkie i niezbyt przezroczyste elementy przeznaczone na oszklenie peryskopów. Zastąpiłem je przezroczystą grubą folią, która symuluje prawdziwy wygląd szkła. Musiałem je zakryć maskami przed malowaniem. Odpowiednie kwadraty i prostokąty wyciąłem z żółtej taśmy firmy Tamiya.

Lufa firmy RB Model ogromnie poprawia wygląd modelu, ale wymaga ona odrobiny szpachli.

Leopard was primed with AK-Interactive grey primer and set for the first colour layer.

Leopard otrzymał szary podkład od AK-Interactive i był gotowy na przyjęcie pierwszych kolorów.

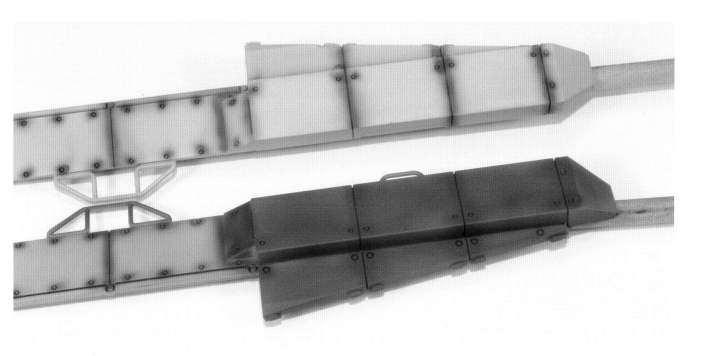

Painting the camouflage

Time for the best part, at least for me, painting!

I've used the AK-Interactive primer and let it dry for a couple of days before painting.

I've used the green as a base colour since it is most visible after camouflage is done. It was painted with Tamiya XF-67 Nato Green mixed with Tamiya X-35 satin varnish. I added some effects to simulate shadows and lights. I was simply giving more paint in the areas I wanted to look darker making some saddle colours variations.

Malowanie kamuflażu

Czas na najlepszą część (przynajmniej dla mnie), czyli malowanie! Zacząłem od podkładu AK-Interactive. Pozwoliłem mu wyschnąć przez kilka dni przed kolejnym malowaniem.

Następnie użyłem zielonego jako koloru podstawowego, ponieważ jest on najbardziej widoczny po wykonaniu kamuflażu. Malowałem farbą Tamiya XF-67 NATO Green zmieszaną z lakierem półmatowym Tamiya X-35. Dodałem trochę efektów światłocienia, kładąc nieco więcej farby w miej-

Wheels were painted with help of special template. The camouflage was painted by free hand.

Koła malowałem, wykorzystując specjalny szablon. Kamuflaż nanosiłem z wolnej ręki.

Once the green was ready, I "glued" the fender in place using Blue Tack.

The second colour was the brown/buff. I saw this colour applied on some tanks and it seemed to be painted over the red brown base. As I could read the change of camouflage colours took place in year 2014, so those thanks shouldn't be very dirty or weathered.

There are so many different shades of that colour, that I decided to use one of the photos as reference. I used Gunze acrylics 321 Light Brown with 79 sand yellow.

For the last colour I've used Tamiya XF-69 Nato Black and, same as before, I did the camouflage paint job by free hand.

Once camouflage is done, I sealed it with Tamiya satin varnish coat. Gloss varnish went to the decals areas. This is the best way I know to avoid the "silvering" effect.

I used the Toro Model decal set (No. 35D28). The decals are really good – very thin and very well printed, but they

scach, które chciałem przyciemnić, i wprowadzając subtelne zmiany kolorów.

Kiedy zieleń była gotowa, „przykleiłem" błotniki na masę Blu Tack. Pora na drugi kolor kamuflażu, czyli jasnobrązowy. Widziałem ten kolor nałożony na parę czołgów i wydaje się, że malowano go na czerwonobrązowym podkładzie. Z tego, co wyczytałem, wynika, że zmiana barw maskujących nastąpiła w roku 2014, toteż czołgi te nie powinny być bardzo brudne i mieć wielu śladów eksploatacji. Istnieje tak wiele odcieni tej barwy, że postanowiłem odwołać się do zdjęcia. Użyłem farby akrylowej Gunze 321 Light Brown z 79 Sand Yellow.

Jako ostatniego koloru użyłem Tamiya XF-69 NATO Black. Podobnie jak poprzednio malowałem z wolnej ręki.

Po ukończeniu kamuflażu utrwaliłem go półmatowym lakierem firmy Tamiya. Lakier błyszczący poszedł na kalkomanie. To najlepszy znany mi sposób na uniknięcie ich srebrzenia. Użyłem oznaczeń z zestawu Toro Model nr 35D28. Są to bardzo dobre kalkomanie, bardzo cienkie i dobrze

need some attention when applied since they are a little bit fragile. Once they are in place there is no problem to work over it. They look very realistic. Using Microscale products there was no problem to fit them properly.

After another coat of Tamiya satin varnish it was time to apply AK-076 filter for Nato tanks. Since this particular tank shows a "wet paint", I thinned it a little bit more to blend all the colours without changing the shades too much. With a

wydrukowane, ale trzeba je nakładać ostrożnie, bo są dość delikatne. Kiedy już znajdą się na miejscu, nie ma problemu z dalszą pracą. Wyglądają bardzo realistycznie. Dzięki użyciu produktów firmy Microscale nie było problemu z ich nakładaniem.

Po kolejnej warstwie tamiyowskiego lakieru półmatowego nadeszła pora na użycie filtra AK-076 dla pojazdów NATO. Jako że ten konkretny czołg prezentuje „mokrą farbę", roz-

Before and after applying the decals I laid the cote of Tamiya's Clear Gloss X-22.

Przed i po nałożeniu kalkomanii pokryłem model warstwą lakieru błyszczącego Tamiya X-22.

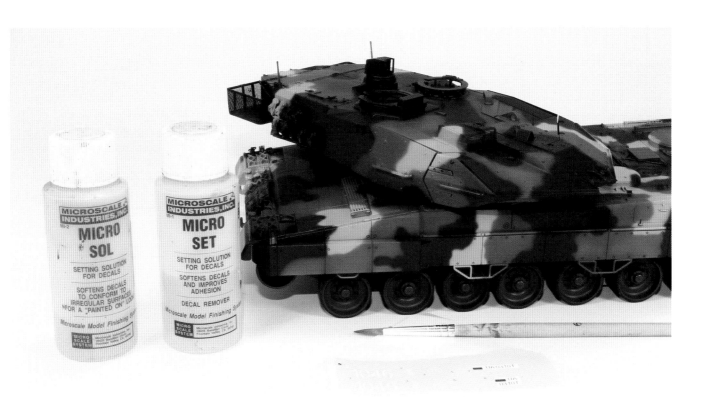

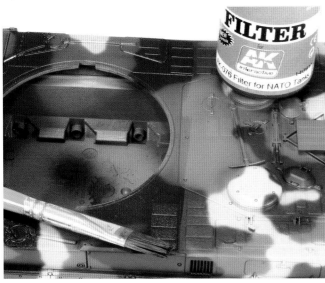

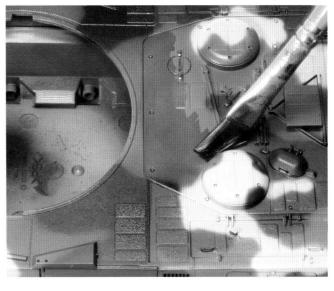

After applying the light filter from AK076 I could move to the oils.

Po nałożeniu lekkiego filtra z AK076 mogłem przejść do pracy z olejami.

flat brush I applied a generous coat of the thinned filter, putting more on the "tan" to get more brownish shade. Another coat of varnish was applied to avoid the removal of the filter.

Continuing the weathering process there was one of my favourite parts, the oils!

I've started with highlights made with very light colours. On the green I used Sennelier 871 Vert Jaune Vif. For brown and black areas I used mainly Abt035 Buff from MIG,

cieńczyłem go trochę mocniej, aby zlać kolory bez nadmiernej zmiany odcieni. Płaskim pędzlem hojnie nałożyłem warstwę rozcieńczonego filtra; kładłem więcej na brąz, aby uzyskać bardziej brązowawy odcień. Potem nałożyłem kolejną warstwę lakieru, tak aby nie doszło do usunięcia filtra.

W następnym etapie weatheringu w ruch poszły moje ulubione farby olejne. Zacząłem od plam rozjaśniających. Na zieleni użyłem Sennelier 871 Vert Jaune Vif. Na obsza-

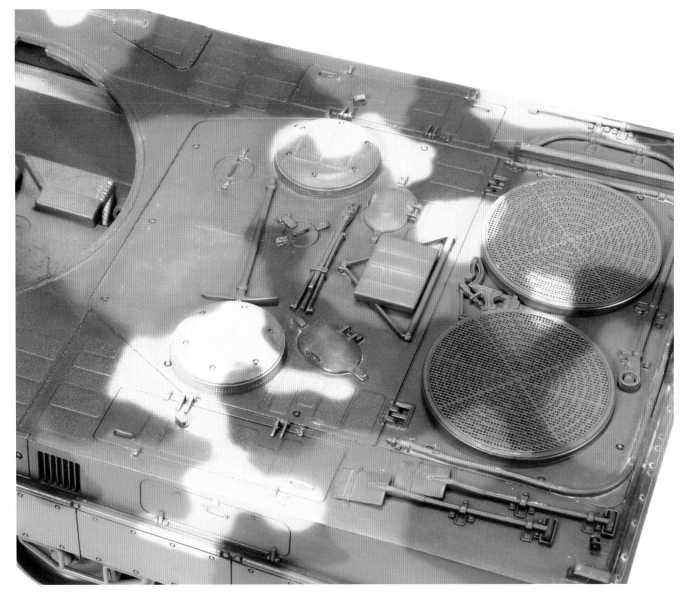

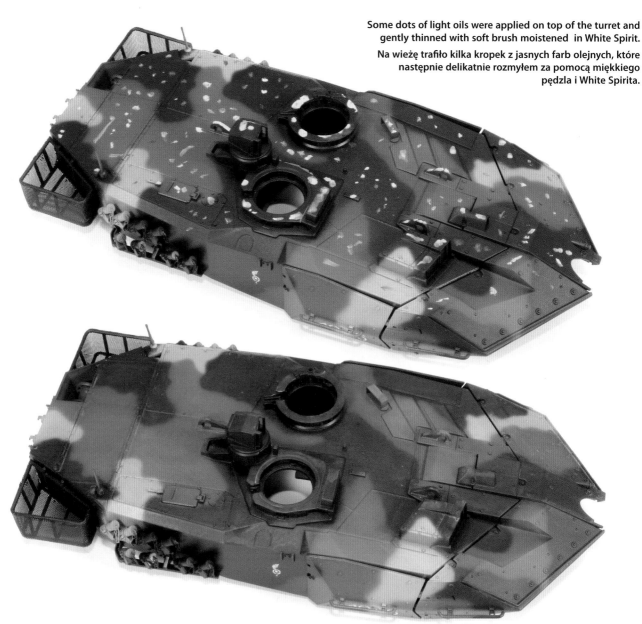

Some dots of light oils were applied on top of the turret and gently thinned with soft brush moistened in White Spirit.

Na wieżę trafiło kilka kropek z jasnych farb olejnych, które następnie delikatnie rozmyłem za pomocą miękkiego pędzla i White Spirita.

besides the highlights the intention was to obtain a better merge between all the colours since Buff gives a faded look. This way I received a good base for works with other colours.

With warm colours I applied another filter to make it look even more faded. Using the White Spirit I controlled the process to make sure to get the desired look.

It was time for another coat of satin varnish.

rach brązowych i czarnych użyłem głównie MIG-owskiego ABT035 Buff. Poza rozjaśnieniem chodziło o uzyskanie lepszego przejścia między kolorami, ponieważ ABT035 Buff nadaje im wyblakły wygląd. W ten sposób uzyskałem dobrą podstawę do pracy z innymi barwami.

Ciepłymi kolorami wykonałem kolejny filtr, aby uzyskać efekt jeszcze większego wyblaknięcia. Za pomocą White Spi-

I added some dark oil paint on turret's nooks and panel lines.

We wszelkiego rodzaju zakamarki i na linie podziałowe wieży naniosłem ciemną farbę olejną.

Time for dirt strikes. Again, I used oils to make strikes in some specific places. Because I was planning to apply dust I have overdone some strikes lines to assure that they will be still visible after applying dust pigments.

Then to "surface" the details I've applied some shadows which were made with oils too. Couple of colours were used: Van Gogh Gris Payne on the areas painted with black and Van Gogh ultramarine blue on green spots.

ritu kontrolowałem proces, aby zagwarantować uzyskanie pożądanego wyglądu. Po skończeniu tego etapu naniosłem kolejną warstwę lakieru półmatowego.

Czas na ślady błota. Po raz kolejny użyłem farb olejnych, aby nanieść plamy w wybranych miejscach. Jako że miałem jeszcze w planach naniesienie kurzu, celowo przesadziłem z niektórymi plamami, tak aby mieć pewność, że będą widoczne po nałożeniu pigmentów.

With help from Tamiya's Panel Line Accent Color (black) it was time to bring all the details to life.

Za pomocą Tamiya Panel Line Accent Color (czarnego) dodałem nieco życia wszystkim szczegółom.

With help from Tamiya's Panel Line Accent Color (black) it was time to bring all the details to life. This is one of my favourite dark washes. Due to plentiful of black camouflage colour I've decided to apply black wash instead of brown all over the hull. Thanks to that the details are better visible and black camouflage colour wasn't changed.

I've made wash in two different ways. First, in some areas I emphasized certain details and made a pin wash using the

Następnie, aby uwypuklić szczegóły, naniosłem cienie – również olejami. Użyłem dwóch kolorów: Van Gogh Gris Payne na obszarach pomalowanych na czarno i Van Gogh Ultramarine Blue na zielonych.

Za pomocą Tamiya Panel Line Accent Color (czarnego) dodałem nieco życia wszystkim szczegółom. To jeden z moich ulubionych ciemnych washy. Ponieważ w kamuflażu jest dużo barwy czarnej, postanowiłem użyć czarnego washa na

great capillarity capacities of the Tamiya's Panel Line Accent. On the other hand, when I wanted to make it look more dirty and dark, I applied wash all over the place. This way I made a kind of colour modulation by giving the turret more detail and light, while engine area was soaked with lots of wash. Once wash dried, I've removed the excess with White Spirit.

After removing no needed wash, another coat of varnish was applied.

całym kadłubie, nie zaś brązowego. Dzięki temu wszystkie detale są lepiej widoczne, a czarna farba kamuflażowa zachowała pierwotny odcień.

Washa nanosiłem na dwa sposoby. Po pierwsze, w niektórych miejscach podkreśliłem detale i wykonałem tzw. pin wash, korzystając z doskonałych właściwości kapilarnych tamiyowskiego Panel Line Accent. Ponadto, kiedy chciałem nadać jakiemuś miejscu wygląd brudniejszy i ciemniejszy, na-

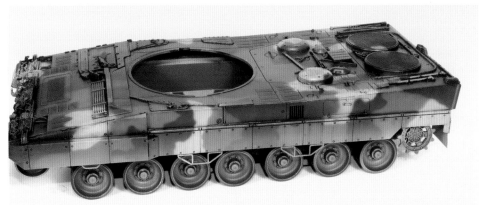

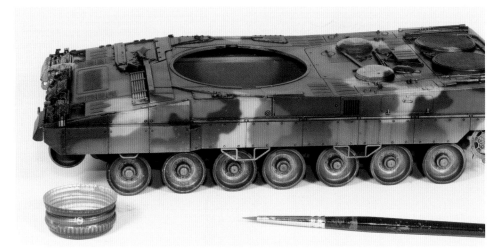

I used a light green and very light grey for dry brush on the bolts. I used simple hard and flat brush. This move intended to "break" the black making some details better visible. Although I'm not a big fan of dry brush technique, I think that in cases like this (where we have a very dark colour) it

nosiłem washa na całą okolicę. Dzięki temu uzyskałem swoistą modulację kolorów, dając wieży więcej detali i światła. Przedział silnikowy obficie potraktowałem washem. Kiedy wysechł, usunąłem nadmiar za pomocą White Spirita. Po usunięciu nadmiaru płukanki nałożyłem kolejną warstwę lakieru.

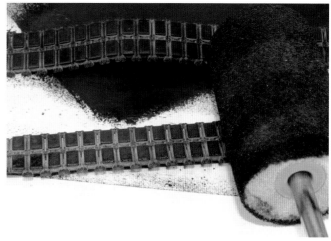

Typical paint roller could be very useful!
Zwykły wałek do farby może być bardzo przydatny!

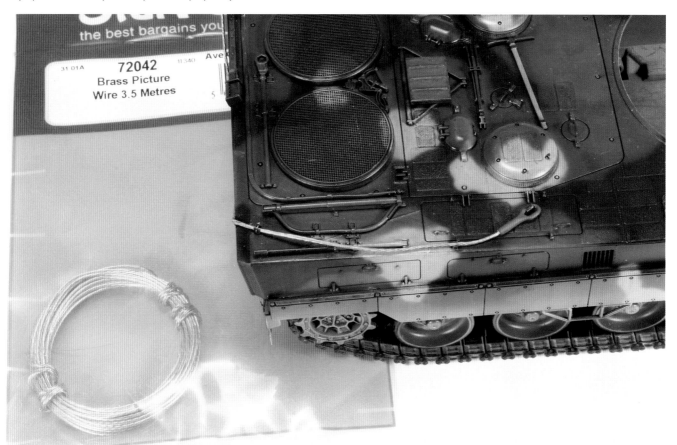

can be done to get better balance. It brings details on surface all over the kit.

Some paint scratches were made with aquarelles pencils which are perfect for such work. We can completely remove them with simple water when we make a mistake or overdo the effect.

The model shows quite new vehicle so there is no much space for weathering, but to give it an operational look I've decided to add some effects. The most affected are frontal

Metodą suchego pędzla naniosłem kolor jasnozielony i bardzo jasny szary na nity. Tym sposobem chciałem przełamać czerń i podkreślić niektóre szczegóły. Nie jestem miłośnikiem techniki suchego pędzla, ale sądzę, że w przypadkach takich jak ten (gdzie mamy bardzo ciemny kolor) można po nią sięgnąć w celu uzyskania większej równowagi. Uwypukla ona detale na powierzchni całego pojazdu.

Niektóre zadrapania farby stworzyłem za pomocą kredki akwarelowej, który doskonale nadaje się do takiej roboty.

and lateral areas, so I decided to add there some chipping effects and a little bit of rust. For that I used three different shades of rust, putting the darkest tone in the centre and going lighter to the edges.

When I obtained the desired look I've covered some of the rusty areas with the base colour. It helps to get more realistic look.

I've made some chipped and rusty bolts all over the tank. They can be found even on new vehicles so I had an opportunity to add something more to this "clean Leopard". With silver and rust colours I made some bolts more visible.

With a brush I added dust pigments in areas where crew activity is high e.g. near hatches where there is always some dirt in the nooks.

Time to add first coat of pigments on the hull. I started with dark earth AK-Interactive pigments which were applied near the details and in places where the dust accumulates more easily. Then, with European Dust, I raised all the details

Jeśli popełnimy błąd albo przesadzimy, możemy go usunąć zwykłą wodą.

Model odwzorowuje w miarę nowy czołg, toteż nie ma pola do popisu w kwestii weatheringu, ale żeby nadać mu wygląd wozu wykorzystywanego w służbie, postanowiłem nanieść trochę efektów. Ślady eksploatacji pojawiają się zwłaszcza na przodzie i na bokach pojazdu, zatem dodałem tam trochę odprysków i odrobinę rdzy. Do tego celu użyłem trzech różnych odcieni rdzy: najciemniejszy pośrodku i jaśniejsze przy brzegach.

Uzyskawszy pożądany wygląd, pokryłem niektóre zardzewiałe obszary kolorem bazowym. Pomaga to uzyskać bardziej realistyczny efekt.

Na całym czołgu odtworzyłem trochę zadrapanych i zardzewiałych nitów. Można je znaleźć nawet na nowych wozach, miałem więc możność dodać coś do tego „czystego Leoparda". Kolorami srebrnym i rdzawym „wydobyłem" niektóre nity.

Pędzlem naniosłem „kurzowe" pigmenty w miejscach, w których często porusza się załoga, np. w pobliżu włazów, gdzie w szczelinach zawsze tkwi trochę ziemi.

Czas dodać pierwszą warstwę pigmentu na kadłubie. Zacząłem od pigmentu AK-Interactive Dark Earth, który naniosłem w pobliżu detali i w miejscach, gdzie brud łatwiej się gromadzi. Następnie za pomocą European Dust uwypukliłem detale, używając dwóch bardzo odmiennych kolorów pyłu, tak aby trochę rozświetlić bardzo ciemne miejsca.

Werniksy do pigmentów gwarantują ich trwałość. Aby uzyskać spójny wygląd, naniosłem akrylowy lakier matowy.

Koła

Koła pomalowałem tą samą zielenią, której użyłem na kadłubie, następnie naniosłem washa i użyłem suchego pędzla, żeby uwypuklić nity i śruby. Do pomalowania gumowych ban-

using two very different dust colours to give some highlights effect in areas that are very dark.

Dedicated fixer gives pigments a good adherence. To blend it I've applied acrylic matte varnish.

Wheels

There was nothing really special here. I've painted wheels with the same green as used on hull, applied wash and dry brushed them to make the bolts and nuts better visible. I've used Gunze Mr.Hobby Acrylics 77 Tire Black for rubber bands on wheels.

With a light green I made some scratches and highlights and wheels were ready to roll.

Final coat of satin varnish.

To give tank a dusty look I've used AK-Interactive Rainmarks for Nato Tanks (ref. 074). I thinned it and applied with an airbrush, also on wheels. I really like those colours for making dust on AFV's. They give very realistic effects!

Two or three thin coats needs to be applied to reach the wanted look.

Next I've applied some AK-Interactive Ligh Dust Deposites on the wheels once they were dry. This product is really good and gives nice realistic look. Its texture combined with right colour can give an impression of real dust on model! Anyways, I had to remember that Leopard shouldn't be too dirty, so I had to control myself.

Some details, such as lights, were applied by that time, since there was no more varnish coats on the horizon. I used

daży kół użyłem akryli Gunze Mr.Hobby 77 Tire Black. Jasną zielenią naniosłem trochę zadrapań i rozświetleń. Na koniec położyłem ostatnią warstwę lakieru półmatowego.

Aby nadać czołgowi zakurzony wygląd, użyłem AK-Interactive Rain Marks for NATO Tanks (AK074). Rozcieńczyłem specyfik i naniosłem go aerografem, także na kołach. Naprawdę lubię tę barwę do nanoszenia kurzu na wozach bojowych, daje bardzo realistyczny efekt! Trzeba jednak nanieść dwie lub trzy cienkie warstwy, aby osiągnąć pożądany wygląd.

Następnie na wyschniętych już kołach użyłem AK-Interactive Light Dust Deposit. To bardzo dobry produkt, dający realistyczny efekt. Jego tekstura w połączeniu z odpowiednią barwą daje wrażenie prawdziwego pyłu na modelu. Pamiętałem jednak, że Leopard ma nie być zanadto brudny, więc musiałem się nieco kontrolować.

Mogłem na tym etapie zamontować niektóre detale, np. światła, ponieważ nie planowałem już kolejnych warstw lakieru. Użyłem AK-Interactive Realistic Light Lenses, czerwonych na światła stopu i „srebrnych" na przednie. Te małe części mogą stworzyć wielką różnicę. W porównaniu z moim starym Leopardem z namalowanymi światłami wyglądają kapitalnie!

Za pomocą AK-Interactive Engine Oil dodałem parę plam na kadłubie. Aby nadać im metaliczny połysk, użyłem na niektórych krawędziach grafitowego ołówka.

Linię holowniczą z zestawu zastąpiłem mosiężnym drutem. Pomalowałem go po montażu, gdyż farba słabo trzyma się metalu i łatwo ją przypadkowo usunąć. Malowałem

AK Realistic light lenses – red for the stop lights and "silver" for front ones. Those small parts can surely make a difference. Compared to my old Leopard with painted lights, they are simply great!

Some splotches were made with AK Engine Oil. To give them a metallic shine I used graphite pencil in some edges.

I replaced the kit towing cable by a brass wire. I painted it after fitting in place, since it is very hard to keep the paint on metal wire without scratching it off. I've painted it with

akrylową farbą w kolorze Gun Metal. Żeby uzyskać delikatny efekt rdzy i złagodzić połysk, nałożyłem ciemnobrązowy wash. Drut jest bardzo miękki, więc łatwo było go zgiąć i dopasować. To kolejny tani dodatek, który sprawia, że gotowy model wygląda lepiej.

Drewniane części narzędzi pomalowałem farbą Varnished Wood firmy AK-Interactive.

Czas na gąsienice. Jest wiele sposobów na wykonanie dobrze wyglądających gąsienic, więc nigdy nie wykańczam

acrylic gun metal. To get slightly rust effect and to soothe the shining I've applied dark brown wash!

The cable is very soft so it was very easy to bend it and fit in place. Another cheap accessory that makes model better looking in the end.

Wooden parts of the tools were painted using varnished wood colour from AK.

Almost there!

ich w ten sam sposób dwa razy z rzędu. Lubię eksperymentować. Tym razem użyłem sposobu zarówno prostego, jak i skutecznego. Jako że gąsienice w zestawie są dobrze odwzorowane, uznałem, że nie ma potrzeby ich wymieniać.

Zacząłem od niezbędnego AK-Interactive Track Wash, hojnie nałożonego pędzlem bezpośrednio na gumowe gąsienice. Odłożyłem je na kilka dni, aby wyschły. Pominąłem miejsca, po których toczą się koła, tak aby można im było

The tracks. Well there are many ways to make good looking tracks and I never finish them on the same way twice in a row. I like to experiment. This time I've used something that is very easy and effective.

Since the kit tracks are nicely reproduced I thought there was no need to replace it.

I started with indispensable AK Track Wash generously applied with a brush directly on the rubber tracks. I gave them couple of days to dry. I avoided the areas where the wheels rolls, so they can get some shine. Next, using a cloth, I gently removed the excess of the wash, then I applied abundant coat of pigments once again removing the excess with a cloth until I got the ideal look.

Time to give it a nice metallic touch. Using aquarelle graphite I rubbed it with some pressure till I could see the metallic shade coming to life!

Now the most fun part. Almost all of the modern MBT have tracks that use rubber and painting it is one dull process. But it can be done in a couple of minutes!

We will need paint roller, a plastic base to mix the paint and of course the paint. Since I wasn't making used up vehicle I wanted to get some more dark rubber. I've mixed rubber colour with black and using the paint roller I've applied a not very thinned mixture without making too much pressure on tracks – only enough to paint the side of the rubber parts. Another layer was made from lighter mix of paints (it can be rubber colour alone) and was applied with almost dried paint. It gave me another shades of grey. We can repeat that process as we like but I think 2 layers are enough.

nadać połysk. Następnie szmatką delikatnie usunąłem nadmiar washa, po czym nałożyłem solidną warstwę pigmentu i znów usunąłem nadmiar szmatką, aż w końcu uzyskałem idealny wygląd.

Pora nadać gąsienicom ładny metaliczny wygląd. Pocierałem je kredką akwarelową, którą odpowiednio mocno dociskałem do powierzchni, aż do uzyskania metalicznego odcienia.

Teraz najfajniejsza część. Niemal wszystkie współczesne czołgi mają gąsienice z gumowymi nakładkami. Ich malowanie to żmudny proces, ale można go skrócić do paru minut!

Potrzebny jest do tego wałek do malowania, plastikowa podstawa do mieszania farby… i oczywiście farby. Jako że nie robiłem mocno używanego wozu, chciałem uzyskać ciemniejszą gumę. Zmieszałem kolor gumy z czernią i za pomocą wałka nałożyłem nie za mocno rozcieńczoną miksturę, stosując umiarkowany nacisk na gąsienice, tak aby pomalować tylko gumowe nakładki. Kolejna warstwa została wykonana z jaśniejszej mieszaniny farb (może to być tylko kolor gumy) i naniesiona niemal suchą farbą. Dało mi to kolejny odcień szarości. Możemy powtarzać ten proces do woli, ale sądzę, że dwie warstwy wystarczą.

Time for another coat of dust, this time a lighter one. Since I didn't apply any varnish the pigments stayed on the matte surface.

When the dust effects were done I've applied some black smoke on the engine exhausts.

One final coat of acrylic matte varnish.

Finally, to finish this build I've used adhesive solar window film sheet on the periscopes. This product reproduce perfectly that strange bright we see on modern AFV. This is no 100% opaque and it's very easy to apply. With help of a toothpick and very sharp blade the job was easily done.

Looking from certain angles you can see the amazing effect!

To sum up I must say that it was a very fun and pleasant build. The only disadvantage was the fact that I couldn't do it very weathered.

The kit is a pleasure to build, everything fits almost perfectly and there are lots of nice details straight from the box. It proves that you don't need "trillion" of plastic parts to get a very good kit.

Czas na kolejną porcję kurzu, tym razem jaśniejszą. Jako że nie naniosłem lakieru, pigmenty zostały na matowej powierzchni. Ukończywszy kurzenie, nałożyłem trochę czarnych okopceń na wydechy, po czym zabezpieczyłem model warstwą matowego lakieru akrylowego.

Na koniec użyłem samoprzylepnej folii Solar Window Film, którą przykleiłem na peryskopy. Produkt ten doskonale oddaje charakterystyczne odblaski szkieł peryskopów, które widzimy na współczesnych wozach bojowych. Nie jest stuprocentowo nieprzezroczysty i bardzo łatwo go nałożyć. Dzięki użyciu wykałaczki i bardzo ostrego ostrza montaż był bardzo łatwy. Pod odpowiednim kątem refleksy wyglądają niesamowicie!

Podsumowując, muszę stwierdzić, że budowa tego modelu była bardzo przyjemna. Jedyną wadą było to, że nie mogłem nanieść wielu śladów eksploatacji. Mimo to montaż tamiyowskiego Leoparda to czysta przyjemność, spasowanie jest prawie idealne, a do tego prosto z pudełka dostajemy wiele świetnych detali. Oto dowód, że nie potrzeba setek plastikowych części, aby stworzyć bardzo dobry zestaw.

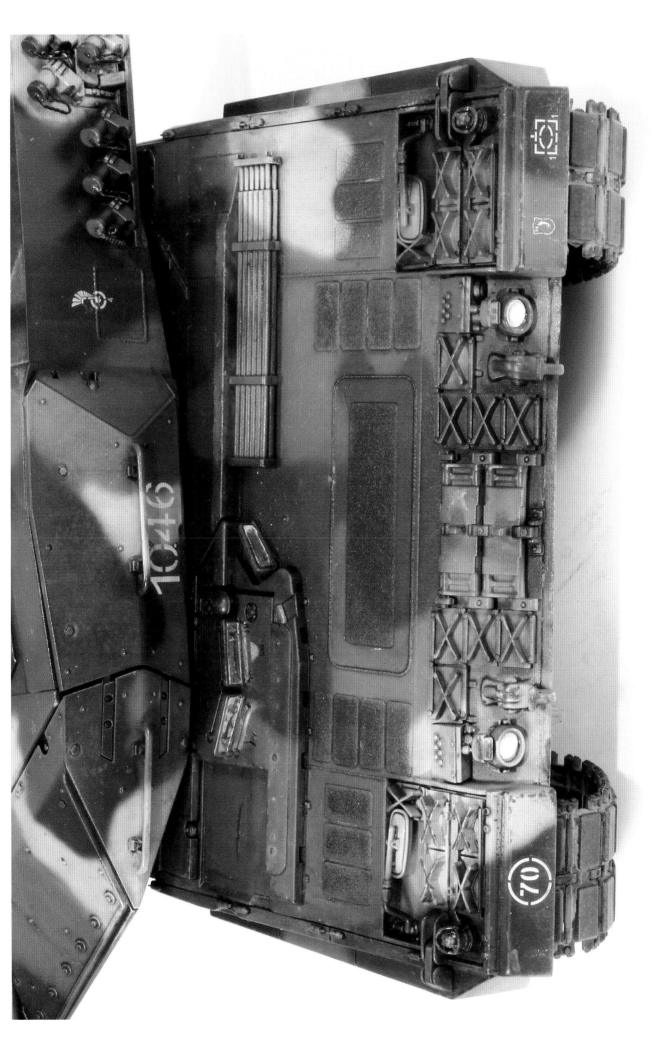

Chris Jerrett

Dutch Leopard 2A6
Tamiya scale 1/35

Holenderski Leopard 2A6
Tamiya skala 1/35

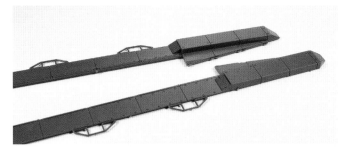

The Royal Netherlands Army ordered 445 Leopard 2 tanks on the second March 1979, after examining the results of the Leopard 2AV in the United States. It became the first export customer of the Leopard 2 and the vehicles were delivered between July 1981 and July 1986. over

Królewskie Holenderskie Wojska Lądowe zamówiły 445 Leopardów 2 w dniu 2 marca 1979 roku, po przeanalizowaniu wyników prób Leoparda 2AV w Stanach Zjednoczonych. Stały się one pierwszym klientem eksportowym Leoparda 2 – wozy dostarczono w okresie od lipca 1981 do lipca 1986 roku. Z biegiem lat flotę zmodernizowano do standardu 2A6. Główną różnicą jest montaż pancerza MEXAS i armaty L55. W 2014 roku holenderskie wojska lądowe planowały zrezygnować z użycia czołgów podstawowych i postawić na transportery opancerzone z mniejszym działem. Decyzję anulowano w 2015 roku, a Leopardy mają wrócić do służby.

Od sześciu lat mam zamiłowanie do budowania Leoparda 2 w skali 1/35. Holenderski Leopard już od dawna był na liście modeli czekających na zbudowanie, toteż kiedy

It was my yet another Leopard on the workbench so the building process was smooth and quick.

Był to już kolejny Leopard na moim warsztacie, więc montaż bryły pojazdu przebiegł szybko i gładko.

time the fleet had been upgraded to 2A6 versions. The main difference is the added Mexxes armor and the L55 gun. In 2014 the Royal Dutch army planned to disband the use of the MBT and move to a smaller gun APC. This decision was reversed in 2015 and now the Leopard will resume service.

Over the past 6 years I've had a passion for building the Leopard 2 tank in 1/35 scale. The Dutch Leopard was on the list of builds for some time and with the Legends resin upgrade kit on hand it was time to go for it. The build starts with a Tamiya German 2A6 kit, The main difference is the Dutch use a lighter side skirt like the ones found on the

zdobyłem zestaw żywiczny Legend, mogłem wziąć się do pracy. Budowa rozpoczyna się od niemieckiego 2A6 firmy Tamiya. Główna różnica polega na tym, że Holendrzy używają cieńszych fartuchów bocznych, takich jak te, które można znaleźć na Leopardzie 1, inne są przednie błotniki nad gąsienicami, a właz na przodzie czołgu jest zaryglowany, podczas gdy w wersji niemieckiej jest zaspawany. Holenderskie wozy mają także inne gniazdo anteny, a ostatnią dużą różnicą w porównaniu z niemieckim 2A6 są wyrzutnie granatów dymnych. Niektóre części pochodzą z zestawu Legend, inne zaś powstały od zera z plastikowych profili.

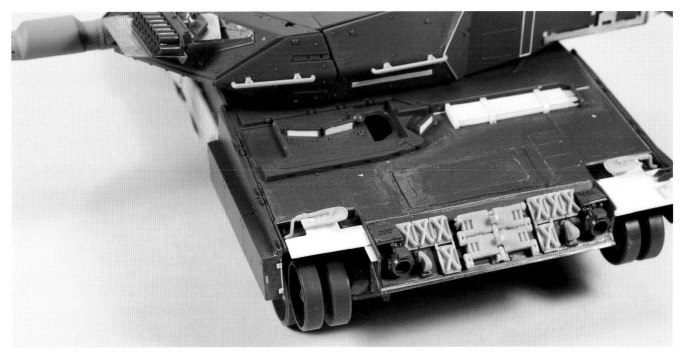

Leopard 1, the front fender over the track is different, the hatch on the front of the tank is bolted shut unlike the German version it is welded. The dutch also have a different antenna mount and the last main difference from the German 2A6 is the smoke dis chargers. Some of the parts are from the Legends kit and others where scratch build using plastic profiles and card.

The build

I've build this kit so many times I know the parts very well so It was easy for me the cut away and discard the parts that will not be used for the build. The skirts had to be modified I cut the armor part that is near the front of the tank from the skirts. There are light skirts included in the Legends kit but I choice to use some from PSM, they are sold as a separate item and are made with resin. Many of the new Leopard 2 kit have them included in the box these

Budowa

Budowałem ten zestaw wiele razy, więc znam części bardzo dobrze i wiem, które elementy nie będą wykorzystane w budowie. Fartuchy trzeba było zmodyfikować – wyciąłem z nich część pancerza znajdującą się blisko przodu czołgu. W zestawie Legend są lekkie fartuchy, ale postanowiłem użyć tych od PSM. Są sprzedawane osobno i wykonane z żywicy. Wiele nowych modeli Leopardów 2 ma je w pudełku – te również się nadadzą. W miejscu montażu radia z zestawu Legend trzeba wyciąć kawałek wieży i wpasować część żywiczną. Istotny jest rozmiar wycięcia, tak aby potem nie trzeba było go wypełniać. Do cięcia użyłem piłki z żyletki. Zostawiłem 5 mm nadmiaru plastiku, co pozwala na precyzyjne wyszlifowanie go i uzyskanie dobrego spasowania. Zestaw Legend obejmuje części zarówno żywiczne, jak i fototrawione. Obudowa wyrzutni granatów dymnych jest bardzo dobrze wykonana. Zestaw Eduard 36028 to najlepsze części

PE gave a lot of nice details.
Elementy fototrawione zawierają szereg bardzo ładnych detali.

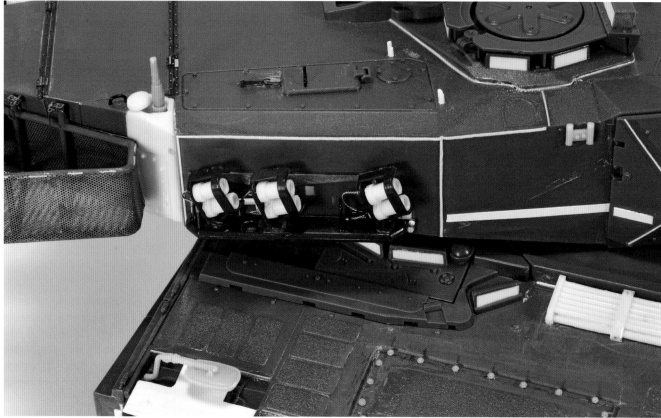

will work as well. For the radio mounts in the Legends kit is a piece of the turret has to be cut away and the resin part fit in. the size of the cut is important as you don't want to have to fill. I used a razor saw to cut I cut a.5 mm wider this allows extra plastic to properly sand it for a more precise fit. The Legends kit is comprised of both resin and brass PE parts the smoke discharger frame is well done. Eduard's

fototrawione do modelu Tamiyi. Zestaw obejmuje elementy używane przez Holendrów na ich Leopardach 2. Są wśród nich również kliny pod gąsienice.

Przed przyklejeniem szeregu małych detali dodałem kilka brakujących spawów. Wykorzystałem do tego ramkę po częściach, którą rozgrzałem i rozciągnąłem do postaci cienkiego drucika, a następnie zamocowałem za pomocą płynnego kleju.

The model was sprayed with Tamiya's grey Surface Primer.
Model pomalowałem szarym podkładem w sprayu od Tamiyi.

36028 is the best PE to upgrade for the Tamiya kit the set has include parts that the dutch use on there Leopard 2s. The track chokes on the rear of the turret is one of those parts. Before to many small parts go on the model I add some missing weld seams to the kit using sprue I heat it and stretch it to a fine thin string it is then attached with liquid cement. The front part of the fender is different then the German it has been reinforced and the conduit for the lights is under armor as the Legends kit is intended to build an early Dutch 2A5 I had to build this from scratch to properly

Przód błotnika jest inny niż u Niemców – został wzmocniony, a przewody do świateł biegną pod pancerzem. Jako że zestaw Legend jest przeznaczony do zbudowania wczesnego holenderskiego 2A5, musiałem wykonać ten element we własnym zakresie, aby należycie odwzorować nowszego 2A6. Z lewej strony usunąłem część błotnika, żeby odsłonić trochę gąsienicy i nieco uatrakcyjnić wygląd modelu. Zestawowe błotniki tworzyły jedność z górną częścią kadłuba. Łatwo było je usunąć i zamienić na wykonane od podstaw, ale niezbędny był przy tym dobry materiał źródłowy. Skorzystałem z pomocy

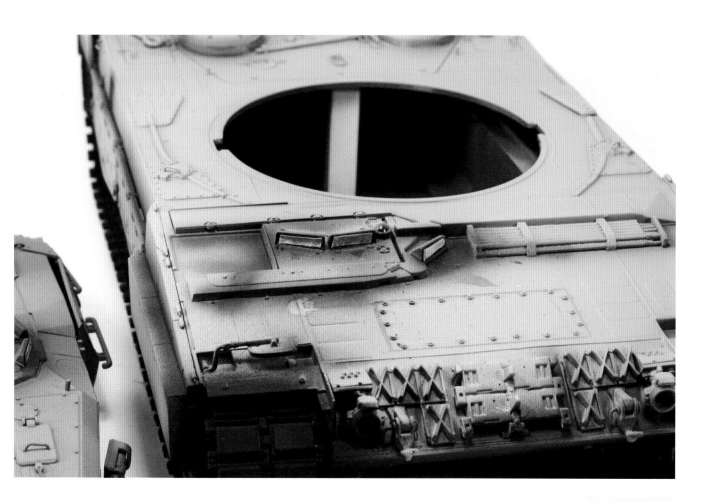

duplicate a newer 2A6. For the left side I decided to remove party of the fender to expose some track to create a more unique model. The stock fender was one piece molded on the top part of the hull in the kit I was straight forward removing the parts and added my one parts. Good reference is important for this I did employ a friend in Belgium to get me a few extra photos while visiting an open display for the Dutch recruitment. Rounding out the detail on the turret I

przyjaciela z Belgii, który zrobił dla mnie kilka dodatkowych zdjęć, odwiedzając pokaz promujący werbunek w Holandii. Dodając detale na wieży, sięgnąłem po lepiej zdetalowane gniazda anten z Merkavy firmy Meng, a ponieważ w izraelskim czołgu są one zbędne, nie ograniczy to budowy tego modelu w przyszłości. Na model trafiały również pozostałe elementy fototrawione. Uchwyty zastąpiłem zgiętym drutem, a do koszów na wieży dodałem małe spawy. Jeden z nich

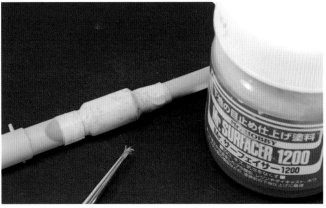
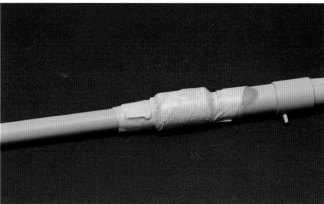

Painting the camouflage wasn't a very difficult task.
Malowanie kamflużu nie było zbyt trudnym zadaniem.

used antenna mounts for Mengs Merkava kit, they had better detail and they are spares in the kit so the Merkava kit
is still go to go, the remaining PE goes on, molded on handles are replaces with bent wire and small welds are added
to the turret baskets. I make a small rolled camo net for one
of the baskets. The last remaining challenging part of this
build was the smoke dis chargers unfortunately I was not
happy with many of the legends parts and an alternative
had to be found. The main problem was with the guards
they would not fit and stay in place. The revel Leopard 2A6
kit has parts for the dutch leo I deiced that the parts in that

otrzymał małą zrolowaną siatkę maskującą. Ostatnią stano-
wiącą wyzwanie częścią budowy były wyrzutnie granatów
dymnych. Niestety byłem niezadowolony z wielu części z zestawu Legend i musiałem szukać alternatywy. Główny problem był taki, że obudowy nie chciały się trzymać na swoim
miejscu. Na szczęście revellowski Leopard 2A6 posiada części
do holenderskiego Leo, dlatego postanowiłem wykorzystać je
w swoim modelu. Po ich zamontowaniu dodałem jeszcze drut
nawojowy i całość wyglądała wystarczająco porządnie.

Ukończywszy wieżę, odłożyłem ją i naniosłem ostat-
nie poprawki na kadłub. Wykorzystałem gąsienice Bronco,

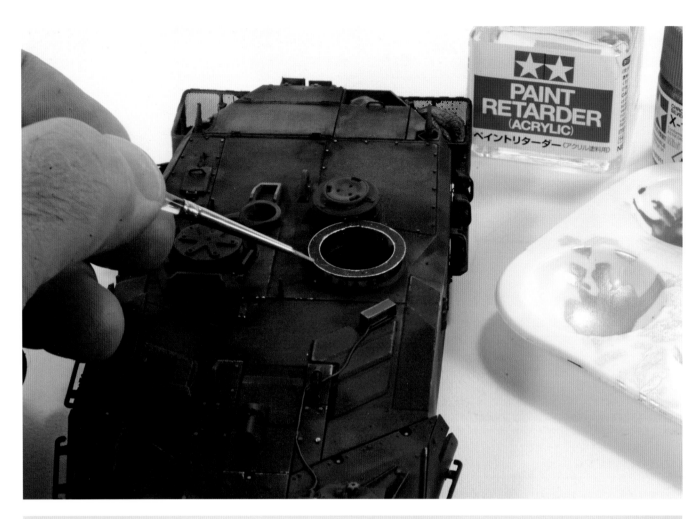

kit would do the best and stay in place. Once build a coil wire was added and it was looking good.

With the turret complet I set it aside and put the finishing touches on the hull tracks from bronco where used as they where the only good choice at the time I've since switched to Fruils for my Leopard builds. The bronco tracks

które stanowiły wówczas jedyny dobry wybór, ale później przerzuciłem się w swoich Leopardach na gąsienice Friulmodel. Gąsienice Bronco są dobre, ale trzeba je przykleić i malować na modelu, jeśli planuje się mocny weathering. Wiele części plastikowych zastąpiłem żywicznymi od PSM. Liny holownicze w zestawie są do luftu, więc użyłem lin Eureka

Making a realistic weathering could be a challenge.

Odtworzenie realistycznych zabrudzeń może stanowić wyzwanie.

are good but they have to be glued in place and painted on the model if you plan to do a heavy weather job. Many of the kit plastic parts I substituted for resin parts from PSM, the tow cables are garbage in the kit and I used Eureka cables. To get a more used natural look I often cut away molded parts and add new parts made from scratch the hose on the rear deck of the leopard 2 is a good example of that the eduard kit has fine PE parts to enhance the look also. The full build done and it looks to good to paint but it does look like a plastic toy, a very detailed one but still just a simple model the realism is now in the paint and detailing, modelers must never forget that.

Painting

The painting of NATO is straight forward camo right? Not really the pattern is unified among all NATO tanks including the American M1A1-A2. The color is also not easy to match. I first start with a good solid primer coat using a can from Tamiya this paint is very solid and strong. The model then receives a light green coat to both smooth out the primer and to give a light base for the main green color. At this point I spray a dark blue gloss paint on the periscopes to represent the glass. I then mask them of for the main paint work they may have to be re-masked during the entire paint and weathering process. Tamiya tape is cut to fit. Picture 16. For the NATO green I use Tamiya NATO green mixed with tamiya flat green I want it to be a lighter color so I can use dark washes to help blend the tones of the finished camo paint.

 While the paint dries on the model I keep myself interested in the model by added extra detail, The barrel flume extractor is a woven material like fiberglass. To replicate the folds and layers of the material I use Mr Surface 1200 to create a rough surface.

I then use mask to create an edge of the woven material and reverse the tape in the other direction. The brown is next and the same rule is applied,a littler tone of the Tamiya color is used. I added a small amount of red brown to Tamiya NATO brown. The pattern is painted on free hand to get a close effect to the real finish. Masking will produce a too Sharp of a line. Too finish I added NATO Black straight from the bottle. Once the paint has dried well and is hard I clear coat it with Tamiya clear gloss mixed with Tamiya thinner, I apply is very thin layers to avoid A lumpy build up on the surface. The clear is to help protect the finish during multiply washes and filters and to create a smooth surface for the decals. A decal set from Echelon was used its intended for Dutch Leos in operation is SFOR. I just used the regular marking as my model is of a trainer. The decals are applied using a setting solution from r surface. One they have dried for a day I then clear coat the decals to protect them. This is very important for the Echelon decals as they are very fine detailed. I now do some brown filters to help blend the 3 tones of the camo. I start in on the paint wear and scratches using a fine brush and OD green from life Color, a fine brush stroke is all that's needed to depict rubbed paint. Doing wear on maintained vehicles is tough it has to be realistic and believable many armies do store there tanks inside building but others do not and when a tank is out on a 10 ex it will rush in the night cold damp weather. Inside the green painted scratches I now use oils to get a rust look. The oils

XXL. Aby uzyskać bardziej naturalny wygląd, często odcinam elementy, które wyszły z formy, i dodaję nowe – wykonane od zera. Dobrym przykładem jest wąż na tyle Leoparda 2. Zestaw części fototrawionych Eduarda również zawiera szereg elementów poprawiających wygląd modelu. Sklejanie skończone. Model wydaje się zbyt ładny, aby go malować, ale wygląda jak plastikowa zabawka – bardzo szczegółowa, ale to jednak tylko prosty model. Realizm kryje się w malowaniu i wydobywaniu szczegółów, modelarz nie może o tym zapominać.

Malowanie

Malowanie NATO-wskie to prosty kamuflaż, prawda? Niezupełnie. Schemat jest ujednolicony wśród wszystkich czołgów NATO, w tym amerykańskich M1A1/A2. Odwzorowanie koloru też nie jest łatwe.

Zacząłem od solidnej warstwy podkładu Tamiyi z puszki. Jest to bardzo dobra i mocna farba. Następnie model otrzymał warstwę jasnej zieleni, która wygładza podkład i daje dobrą bazę pod główny kolor zielony. Peryskopy pokryłem błyszczącą ciemnoniebieską farbą, która odwzorowuje szkło. Następnie zamaskowałem je przed zasadniczym malowaniem. W trakcie malowania i weatheringu może być konieczne zamaskowanie ich ponownie. Robię to przyciętą taśmą firmy Tamiya. Dla uzyskania NATO-wskiej zieleni używam farb Tamiya NATO Green zmieszanej z Tamiya Flat Green. Chciałem, aby kolor był jaśniejszy, żeby użyć ciemnego washa do zharmonizowania odcieni gotowego kamuflażu.

W czasie gdy farba schła, dodawałem kolejne detale do bryły pojazdu. Odsysacz gazów to spleciony materiał przypominający włókno szklane. Aby odwzorować zgięcia i warstwy materiału, wykorzystałem Mr. Surfacera 1200, tworząc w ten sposób nierówną powierzchnię. Następnie za pomocą taśmy maskującej stworzyłem krawędź splecionego materiału i odwróciłem taśmę na drugą stronę.

Następny w kolejce był kolor brązowy. Zastosowałem tutaj tę samą zasada co wcześniej – użyłem jaśniejszego odcienia koloru Tamiyi. Dodałem odrobinę barwy czerwonobrązowej do tamiyowskiego NATO Brown. Plamy nakładam z wolnej ręki, aby uzyskać efekt zbliżony do wyglądu kamuflażu na prawdziwych czołgach. Użycie masek dałoby zbyt ostre linie. Na koniec naniosłem NATO Black wprost z butelki. Kiedy farba dobrze wyschła, położyłem warstwę lakieru Tamiya Clear Gloss zmieszanego z rozcieńczalnikiem tego samego producenta. Kładłem kolory bardzo cienkimi warstwami, tak aby na powierzchni nie tworzyły się grudki. Clear Gloss chroni farbę podczas nakładania washa i filtrów oraz tworzy gładką powierzchnię pod kalkomanie. Wykorzystałem oznaczenia Echelona dla holenderskich Leo działających w ramach SFOR. Użyłem regularnych oznaczeń, ponieważ mój model to czołg wykorzystywany do szkolenia. Kalkomanie nakładałem, używając płynów Gunze. Po odczekaniu 24 godzin pokryłem je warstwą bezbarwną dla ochrony. To niezwykle ważne, ponieważ kalkomanie Echelona mają bardzo drobne szczegóły. Przyszła pora na brązowe filtry, które zharmonizowały odcienie kamuflażu.

Zacząłem prace nad otarciami i zadrapaniami farby, używając drobnego pędzelka i barwy IDF Green od Lifecolora. Delikatne pociągnięcie pędzla wystarczy, żeby odwzorować startą farbę. Ślady eksploatacji na zadbanych pojazdach są trudne, ponieważ muszą być realistyczne i wiarygodne. Wie-

allow for more accurate tones but are fragile in comparison to acrylics so dry time is very important you can't rush the process and its important to give them a clear coat after the paint has dried. Picture 24. Other places where paint is worn is silvered and does not get a chance to rust. The AA 7.62 gun on the loaders side of the turret travels around a ring on small metal wheels these wheels tend to wear the ring. Using Tamiya silver and the Tamiya paint retarder I hand painted the wear. After A small wash of black helped to blend the paint.

Dust

For this model the large flat surface areas are begging for a dusty look. A base for the dust is air brushed on using a varity of tan and brown tones mixed with water to a 70% water to paint mix.

Sand color pigment is then mixed with sand laqour washes from AK Interactive this mix is applied in a fine wash as the thinner drys I move it around to suit my liking.

I next mix a 80% pigment with 20% plaster of Paris mix. This mix is then thinned using a enamel thinner. This mix tends to dry quick so don't mix to much that will make you rush and then you will make mistakes. Take your time and work in small areas. The mix is liberally applied where you would usually see dirt and dust building up from either slashing through water holes or just dust from the blast of the gun. Through the process each small batch I change the tone ever so slightly just to avoid creating a mono tone look. Recessed area get a different treatment such as the side where you want to create strikes. I use enamels from AK straight from the bottle I dap this mix on with an old brush and then a wide brush moistened with thinner is use

le armii trzyma swoje czołgi w budynkach, inne – nie. A kiedy czołg jest na ćwiczeniach, rusza wprost w chłodną i wilgotną noc. Zielone zadrapania farby uzupełniłem farbami olejnymi, aby uzyskać efekt rdzy. Oleje pozwalają na dokładniejsze odwzorowanie odcieni, ale w porównaniu z akrylami są delikatne, więc istotny jest czas schnięcia. Nie można się spieszyć, a po wyschnięciu trzeba je zabezpieczyć lakierem bezbarwnym. Inne miejsca, w których farba jest zdarta, są wysrebrzone i nie mają jak zardzewieć. Karabin przeciwlotniczy kalibru 7,62 mm na wieży po stronie ładowniczego przesuwa się na obrotnicy po małych metalowych kółkach, które obcierają pierścień obrotnicy. Za pomocą Tamiya Silver i Tamiya Paint Retarder odręcznie namalowałem uszkodzenia farby. Delikatny czarny wash ujednolicił malowanie.

Zakurzenia

Duże płaskie powierzchnie czołgu aż proszą się o zakurzenie. Podkład pod pył nanoszę aerografem, używając kombinacji jaśniejszych i ciemniejszych brązów zmieszanych z wodą (70% wody). Następnie pigment w kolorze piaskowym mieszam z piaskowym washem AK-Interactive, po czym nanoszę miksturę w formie delikatnego washa, kiedy rozcieńczalnik już schnie.

Następnie mieszam 80% pigmentu z 20% gipsu. Rozcieńczam tę mieszaninę thinnerem do emalii. Schnie ona szybko, więc nie należy mieszać jej zbyt dużo – wymusi to pośpiech, a w konsekwencji doprowadzi do błędów. Pracuj powoli i na małych obszarach. Mieszaninę nakładam hojnie tam, gdzie normalnie widać błoto i brud pozostały po wjeżdżaniu w kałuże czy po wystrzałach z działa. W trakcie tego procesu z każdą partią mieszaniny delikatnie zmieniam odcień, żeby uniknąć monotonii. Zagłębienia traktuję nieco ina-

to streak it in a downward motion. A sponge is used to add the base color back to the dust areas to help break up the look of too much dust, I dip the sponge in the paint that has been mixed with a retarder and gentle touch areas over the dust. It can represent water drops or scuffed areas. Using Aks wet effects I create pools on flat area and I with a stiff brush I splatter the fluid on the sides and top surfaces. With the final look of the dust and weathering the turret is placed and its another one in the can.

I will never be done building Leopard the variety of countries that use them always has me looking to the next build and now with Meng doing a new 2A4 and a 2A7 the future is leopard proof.

czej. Na przykład z boku, gdzie chcę zrobić smugi, używam emalii AK wprost z butelki. Delikatnie nakładam ją starym pędzlem, a następnie szerokim pędzlem zmoczonym w rozcieńczalniku ściągam ją w dół. Używam gąbki w celu naniesienia koloru bazowego na obszary zakurzone, aby uniknąć wrażenia, że brudu jest za dużo. Moczę gąbkę w farbie zmieszanej z opóźniaczem i delikatnie dotykam obszarów zabrudzonych. Może to reprezentować krople wody albo wytarte miejsca. Za pomocą Wet Effects tworzę plamy na płaskich powierzchniach i sztywnym pędzlem rozchlapuję płyn na bokach i poziomych elementach kadłuba. Po skończeniu weatheringu wieża trafiła na swoje miejsce – i kolejny model Leoparda mogłem uznać gotowy.

Nigdy nie będę miał dość budowania Leopardów. Liczba krajów używających te czołgi jest tak duża, że zawsze szukam nowego pomysłu, a jako że Meng wypuszcza teraz nowego 2A4 i 2A7, przyszłość stoi pod znakiem Leoparda.

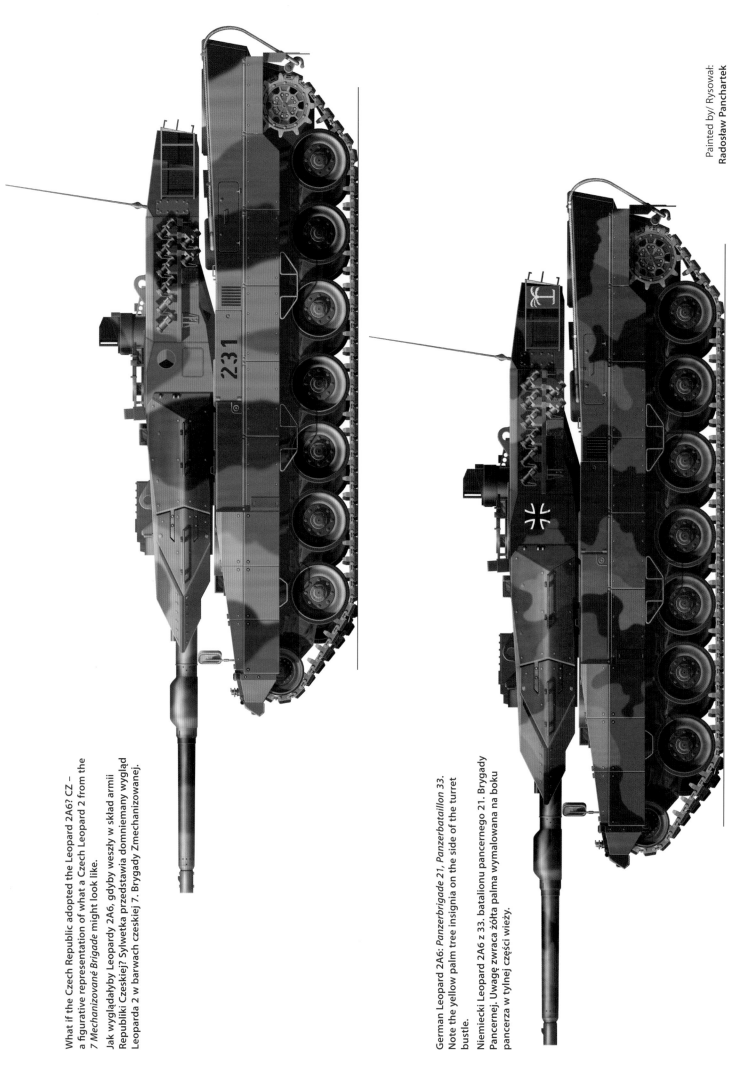

Painted by/ Rysował:
Radosław Panchartek

What if the Czech Republic adopted the Leopard 2A6? CZ – a figurative representation of what a Czech Leopard 2 from the *7 Mechanizované Brigade* might look like.

Jak wyglądałyby Leopardy 2A6, gdyby weszły w skład armii Republiki Czeskiej? Sylwetka przedstawia domniemany wygląd Leoparda 2 w barwach czeskiej 7. Brygady Zmechanizowanej.

German Leopard 2A6: *Panzerbrigade 21, Panzerbataillon 33*.
Note the yellow palm tree insignia on the side of the turret bustle.

Niemiecki Leopard 2A6 z 33. batalionu pancernego 21. Brygady Pancernej. Uwagę zwraca żółta palma wymalowana na boku pancerza w tylnej części wieży.

112   Famous vehicles/Słynne pojazdy

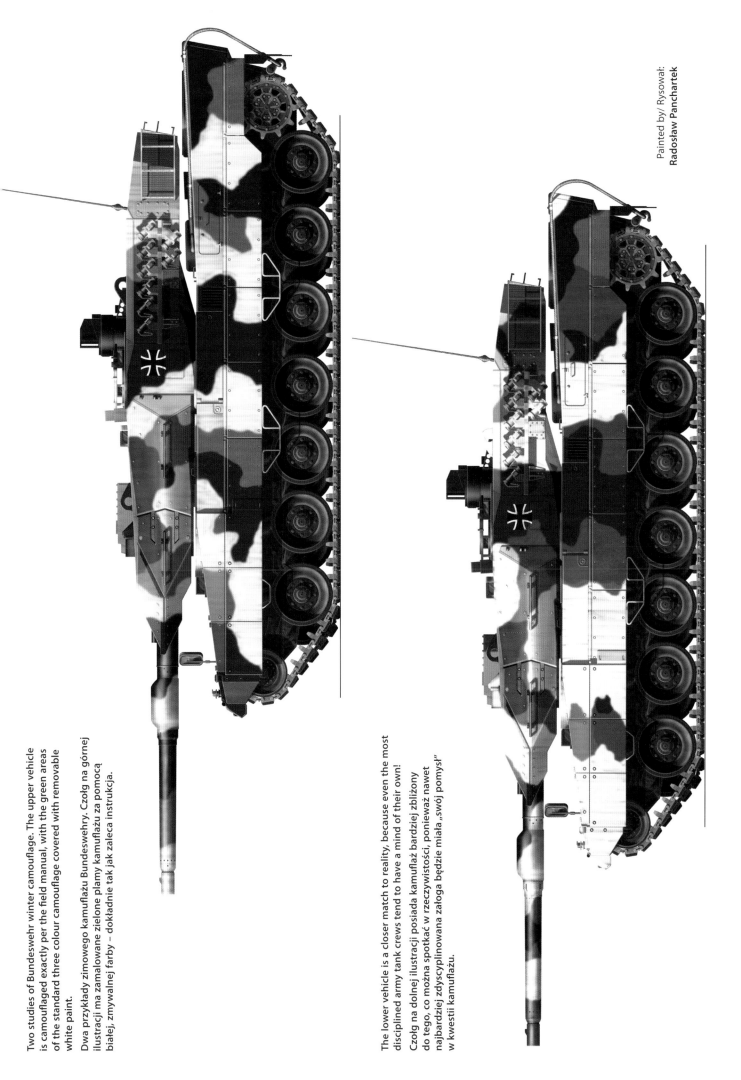

Painted by/ Rysował:
Radosław Panchartek

Two studies of Bundeswehr winter camouflage. The upper vehicle is camouflaged exactly per the field manual, with the green areas of the standard three colour camouflage covered with removable white paint.

Dwa przykłady zimowego kamuflażu Bundeswehry. Czołg na górnej ilustracji ma zamalowane zielone plamy kamuflażu za pomocą białej, zmywalnej farby – dokładnie tak jak zaleca instrukcja.

The lower vehicle is a closer match to reality, because even the most disciplined army tank crews tend to have a mind of their own!

Czołg na dolnej ilustracji posiada kamuflaż bardziej zbliżony do tego, co można spotkać w rzeczywistości, ponieważ nawet najbardziej zdyscyplinowana załoga będzie miała „swój pomysł" w kwestii kamuflażu.

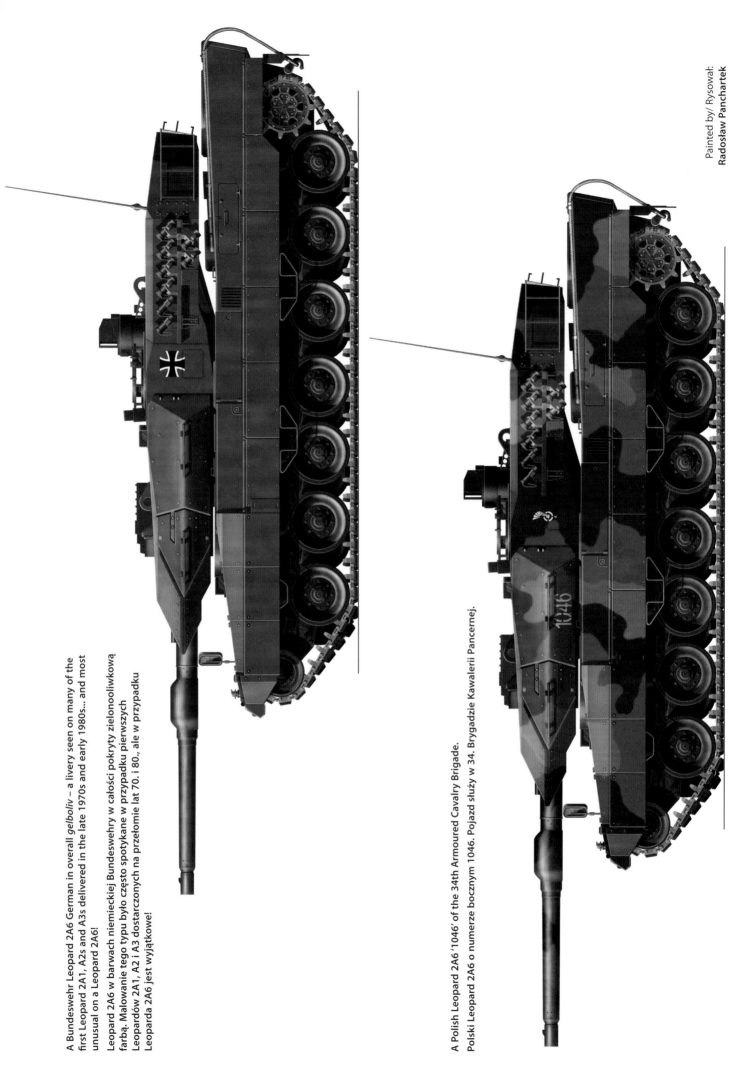

Painted by/ Rysował:
Radosław Panchartek

A Bundeswehr Leopard 2A6 German in overall *gelboliv* – a livery seen on many of the first Leopard 2A1, A2s and A3s delivered in the late 1970s and early 1980s.... and most unusual on a Leopard 2A6!

Leopard 2A6 w barwach niemieckiej Bundeswehry w całości pokryty zielonooliwkową farbą. Malowanie tego typu było często spotykane w przypadku pierwszych Leopardów 2A1, A2 i A3 dostarczonych na przełomie lat 70. i 80., ale w przypadku Leoparda 2A6 jest wyjątkowe!

A Polish Leopard 2A6 '1046' of the 34th Armoured Cavalry Brigade.

Polski Leopard 2A6 o numerze bocznym 1046. Pojazd służy w 34. Brygadzie Kawalerii Pancernej.

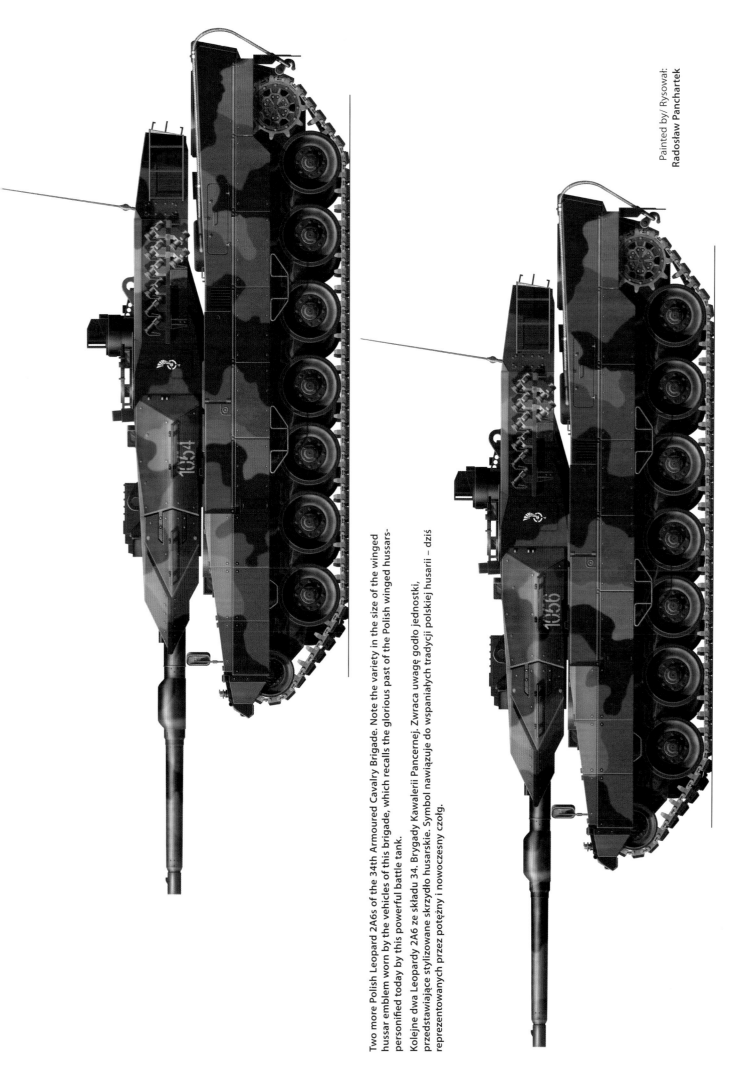

Painted by/ Rysował:
Radosław Panchartek

Two more Polish Leopard 2A6s of the 34th Armoured Cavalry Brigade. Note the variety in the size of the winged hussar emblem worn by the vehicles of this brigade, which recalls the glorious past of the Polish winged hussars- personified today by this powerful battle tank.

Kolejne dwa Leopardy 2A6 ze składu 34. Brygady Kawalerii Pancernej. Zwraca uwagę godło jednostki, przedstawiające stylizowane skrzydło husarskie. Symbol nawiązuje do wspaniałych tradycji polskiej husarii – dziś reprezentowanych przez potężny i nowoczesny czołg.

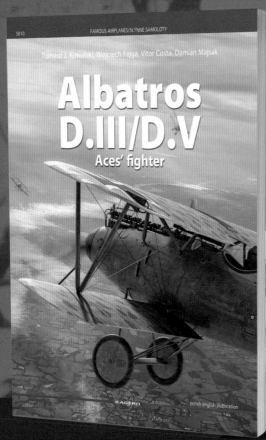

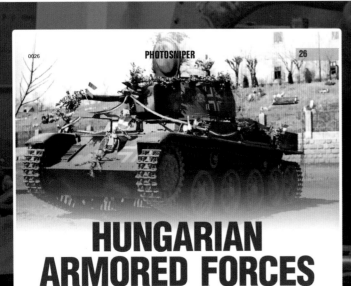